다문화가정과 함께하는

정확한 한국어

국립국어원 기획 이선웅 외 집필

초급
2

Hawoo Publishing Inc.

발간사

우리는 이제 '다문화'라는 말이 더 이상 낯설지 않은 시대에 살고 있습니다. 2018년 12월호 출입국외국인정책 통계월보에 따르면 체류외국인은 2,367,607명인데 이는 2010년보다 2배 가까이 증가한 것입니다. 그런데 주목할 점은 다문화가정의 형태가 여성결혼이민자를 주요 가족 구성원으로 하는 획일적인 모습이 아니라 남성결혼이민자 가정이나 외국인 1인 가정 등으로 다양화되었다는 것입니다. 이에 다문화가정 대상 한국어 교재도 학습 대상자를 여성결혼이민자에 국한하지 않고 다문화가정의 남녀 성인 구성원으로 확대할 필요가 생겼습니다.

이에 국립국어원에서는 2017년 다문화가정 성인을 대상으로 한 한국어 교육 내용을 개발하였고, 2018년 시범 적용을 거쳐 초급 교재 4권, 중급 교재 4권을 출판하게 되었습니다. 교사용 지도서는 별도로 출판하지 않았지만 국립국어원 한국어교수학습샘터에 탑재해 현장 교사들이 무료로 이용할 수 있게 하였습니다.

이번 교재 개발에는 현장 경험이 많은 연구진이 집필자와 검토자로 참여하여 한국어 교육의 전문적 내용을 쉽고 친근하게 구성하였습니다. 특히 현장 시범 적용을 통해 교사와 학생의 의견을 폭넓게 수렴하기 위해 노력하였습니다. 또한 성적, 문화적 차별 요소가 없도록 내용을 구성하였고, 다문화가정 구성원이 이 사회에서 진취적으로 살아가는 모습을 담고자 하였습니다.

아무쪼록 '다문화가정과 함께하는 한국어'가 다문화가정 구성원이 한국어를 '즐겁고, 정확하게' 익힐 수 있는 길잡이가 되기를 바랍니다. 그래서 다문화가정 구성원이 한국 사회에 통합되어 안정적인 생활을 영위하는 데 도움이 될 수 있기를 바랍니다.

끝으로 새로운 교재의 개발을 위해 최선의 노력을 기울여 주신 교재 개발진과 출판사 관계자 분들에게 깊은 감사의 말씀을 드립니다.

2019년 1월
국립국어원장 소강춘

머리말

교통과 통신의 비약적인 발전에 따라 세계 여러 나라들의 교류가 크게 증가하고 있고, 그와 함께 한국에 정착해 사는 외국인들 역시 크게 늘어나고 있습니다. 한국에 이주해 한국인 배우자와 함께 사는 사람들, 직업 활동을 하면서 한국에 정착해 사는 외국인 부부들이 오랜 기간 동안 한국에 살면서 자녀를 낳아 기르고 있어 한국 사회도 점차 다문화 사회로 이행하고 있는 모습이 뚜렷이 나타나고 있습니다. 이는 한국의 국제적 위상이 점점 높아지고 있음을 간접적으로 보여 주는 바람직한 사회 현상이라고 생각합니다.

이 책은 이와 같은 시대적 흐름에 발맞추어 국립국어원에서 발주한 사업인 2017년 다문화가정 교재 개발 사업의 결과물로서 다문화가정 구성원들이 한국 문화를 이해하는 바탕 위에서 구어와 문어 영역에서 고른 수준의 한국어를 구사할 수 있도록 구성되었습니다. 또한 날이 갈수록 다문화가정 구성원들의 사회 활동이 늘고 있고 성 평등 의식도 높아져 가고 있으므로, 학습자들이 한국 사회의 일원으로서 확고한 정체성을 지니고 가족생활, 이웃과의 교류, 직업 활동을 포함한 여러 사회생활에서 필요한 한국어를 자연스럽게 구사할 수 있도록 하였습니다. 학습자들이 한국 사회에 대한 적응이라는 수동적 태도에서 나아가 한국 사회를 함께 이끌어 간다는 능동적 태도를 지니고 살아갈 수 있도록 내용을 구성하였습니다.

이 책은 본래 2008년에 국립국어원에서 발주하여 2010년에 출판된 "결혼 이민자와 함께하는 한국어"의 개정판으로 기획되었으나, 그동안 한국어 교육계에서 발전되어 온 교육 방법론을 최대한 반영하고자 그때의 교재와는 구성 체제를 사뭇 달리하였습니다. 가장 큰 차이점은 성격이 다른 두 권으로 주 교재를 나눈 것입니다. "다문화가정을 위한 즐거운 한국어"는 구어 위주의 과제 활동이 더 많도록 구성하였고 "다문화가정을 위한 정확한 한국어"는 문어 위주의 형태 연습이 더 많도록 구성하였습니다. 곧 "정확한 한국어"는 부교재로 취급받던 기존 워크북의 내용을 더욱 풍부하게 하여 "즐거운 한국어"에 버금가는 주 교재로 집필된 것입니다. 두 책을 유기적으로 연결하여 교수·학습한다면 유창성과 정확성을 고루 갖출 수 있을 것이라고 생각합니다.

아무쪼록 모든 다문화가정 구성원들이 이 책으로 한국어와 한국 문화를 열심히 공부하여 한국 사회의 성공적인 일원이 될 수 있기를 기원합니다.

2019년 1월
저자를 대표하여 이선웅 적음.

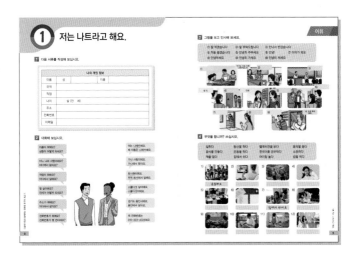

어휘

각 과의 주제와 관련하여 필수적으로 학습해야 할 **어휘**를 제시하고 연습 문제를 통해 연습할 수 있도록 하였다. 그림을 활용하여 어휘 의미를 쉽게 파악할 수 있게 하였고 대화 속에서 어휘가 사용되는 예를 제시하였다.

문법

문법에서는 학습할 문법 항목을 체계적으로 연습할 수 있게 하였다. 기본적으로 형태를 정확하게 파악할 수 있도록 표를 완성하는 문항을 수록하였고, 문장 및 대화 만들기로 단위를 확장하여 학습 문법을 연습할 수 있게 하였다. 필요한 경우 날개 부분을 활용하여 추가 학습 항목을 제시하여 학습 문법과 함께 연습할 수 있도록 하였다.

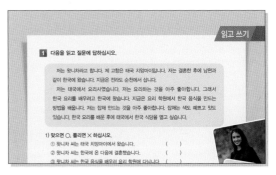

읽고 쓰기: 읽기

읽기 에서는 과 주제와 관련된 글과 함께 글의 이해 여부를 확인할 수 있는 문제를 수록하였다. 이미 학습한 어휘뿐만 아니라 새롭게 학습할 수 있는 어휘를 '새 단어'로 추가 제시하였다.

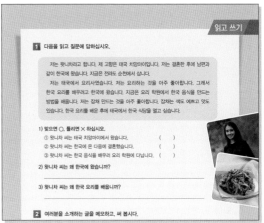

읽고 쓰기: 쓰기

쓰기 에서는 읽은 글을 토대로 하여 자신의 이야기를 직접 써 볼 수 있게 하였다. 쓰기에 어려움을 겪을 수 있는 초급에서는 읽기 지문이 자신이 쓸 글의 뼈대가 될 수 있도록 하였다. 또한 학습자들이 글을 쓰기 전에 자신의 생각을 미리 정리해 볼 수 있도록 개요 쓰기를 포함하였다.

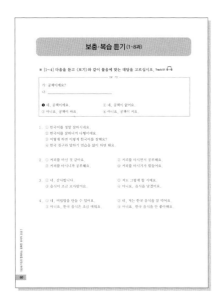

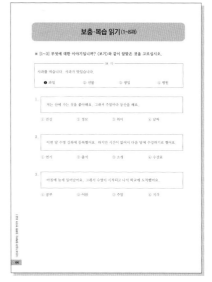

보충·복습

보충·복습 에서는 1~8과, 9~16과에서 배운 내용을 한국어능력시험의 듣기와 읽기 시험 문제와 동일한 형식을 통해 점검하게 함으로써 한국어능력시험을 준비하는 데 도움이 되도록 하였다. 필요한 경우 새 어휘나 문법이 사용된 새로운 내용의 텍스트를 추가하여 좀 더 실전에 가깝도록 구성하였다.

목차

1 저는 나트라고 해요.

1 다음 서류를 작성해 보십시오.

나의 개인 정보				
이름	성		이름	
국적				
직업				
나이	살 (만 세)			
주소				
전화번호				
이메일				

2 대화해 보십시오.

이름이 뭐예요?
성함이 어떻게 되세요?

저는 나레카예요.
제 이름은 나레카예요.

어느 나라 사람이에요?
어디에서 왔어요?

가나 사람이에요.
가나에서 왔어요.

직업이 뭐예요?
어디에서 일해요?

회사원이에요.
무역 회사에서 일해요.

몇 살이에요?
연세가 어떻게 되세요?

스물다섯 살이에요.
스물다섯이에요.

주소가 뭐예요?
어디에서 살아요?

경기도 용인시예요.
용인에서 살아요.

전화번호가 뭐예요?
전화번호가 몇 번이에요?

제 전화번호는
010-323-4324예요.

3 그림을 보고 인사해 보세요.

① 잘 먹겠습니다   ② 잘 부탁드립니다   ③ 만나서 반갑습니다

④ 처음 뵙겠습니다   ⑤ 안녕히 주무세요   ⑥ 안녕!   ⑦ 이따가 봐요

⑧ 안녕하세요   ⑨ 안녕히 가세요   ⑩ 안녕히 계세요

1)

여기는 신입 사원 나레카입니다.

2)

3)

잘 자.

4) 안녕!

5)

6)

7) 8)

9)

네, 조금 후에 봐요.

4 무엇을 합니까? 쓰십시오.

일하다	등산을 하다	텔레비전을 보다	음악을 듣다
음식을 만들다	운동을 하다	한국어를 공부하다	쇼핑하다
책을 읽다	집에서 쉬다	아이랑 놀다	밥을 먹다

1)

운동해요

2)

3)

4)

5)

6)

7)

집에서 쉬어요

8)

9)

10)

11)

12)

연습 1 다음 빈칸에 알맞은 말을 쓰십시오.

> **보기** 가: 안녕하세요? 윌슨입니다.
>
> 나: 네, 반갑습니다.
>
> 저는 엘리자베스라고 합니다. (엘리자베스)

1) 가: 안녕하세요? 김윤우입니다.

   나: 네, 반갑습니다. 저는 _____. (이민지)

2) 가: 처음 뵙겠습니다. 마이클입니다.

   나: 안녕하세요? 저는 _____. (줄리앙)

3) 가: 저는 트엉이라고 합니다.

   나: 저는 _____. (베미)

4) 가: 이름이 뭐예요?

   나: 저는 _____. (마이클)

연습 2 친구들에게 다른 사람을 소개하십시오.

보기

친구 / 알리

여기는 제 친구예요. 알리라고 해요.

1)

남편 / 다니엘

_____

2)

아내 / 링링

_____

3)

고향 친구 / 바트

_____

연습 1 문장을 완성하십시오.

> **보기**　영화(를) 보다　＋　좋아하다
>
> ➡ 저는 <u>영화 보는 것을 좋아해요</u>.

1) 　사진(을) 찍다　＋　좋아하다

　➡ 저는 _____.

2) 　요리(를) 하다　＋　좋아하지 않다

　➡ 저는 _____.

3) 　드라마(를) 보다　＋　좋아하다

　➡ 제 남편은 _____.

4) 　음악(을) 듣다　＋　좋아하지 않다

　➡ 자가 씨는 _____.

연습 2 여러분은 무엇을 좋아해요? 대화해 보십시오.

> **보기**　노래(를) 하다　　가: 노래하는 것을 좋아해요?
> 　　　　네 ☑　　　나: 네, 노래하는 것을 좋아해요. /
> 　　　　아니요 ☑　　　　아니요, 노래하는 것을 안 좋아해요.

1) 　영화(를) 보다　　네 ☐ 아니요 ☐

　가: _____.

　나: _____.

2) 　외국어(를) 배우다　　네 ☐ 아니요 ☐

　가: _____.

　나: _____.

3) 　책(을) 읽다　　네 ☐ 아니요 ☐

　가: _____.

　나: _____.

4) 　음식(을) 만들다　　네 ☐ 아니요 ☐

　가: _____.

　나: _____.

연습1 다음 표를 완성하십시오.

-려고		-으려고	
가다	가려고	읽다	읽으려고
보내다		먹다	
사다		*돕다	
*만들다		*듣다	
*살다		*걷다	

연습2 대화를 완성하십시오.

목적		행동
1) 일찍 일어나다		우체국에 가다
2) 고향에 소포를 보내다		비행기표를 사다
3) 고향에 가다		일찍 자다
4) 숙제를 물어보다		장을 많이 보다
5) 설에 가족들과 먹다		전화를 하다

1) 가: 어제 왜 일찍 잤어요?

　　나: <u>일찍 일어나려고 일찍 잤어요</u>.

2) 가: 어디에 가요?

　　나: _____.

3) 가: 비행기표를 왜 샀어요?

　　나: _____.

4) 가: 미안해요. 어제 전화를 못 받았어요. 어제 왜 전화했어요?

　　나: _____.

5) 가: 와! 장을 정말 많이 봤네요!

　　나: _____.

1 다음을 읽고 질문에 답하십시오.

> 저는 왓니차라고 합니다. 제 고향은 태국 치앙마이입니다. 저는 결혼한 후에 남편과 같이 한국에 왔습니다. 지금은 전라도 순천에서 삽니다.
>
> 저는 태국에서 요리사였습니다. 저는 요리하는 것을 아주 좋아합니다. 그래서 한국 요리를 배우려고 한국에 왔습니다. 지금은 요리 학원에서 한국 음식을 만드는 방법을 배웁니다. 저는 잡채 만드는 것을 아주 좋아합니다. 잡채는 색도 예쁘고 맛도 있습니다. 한국 요리를 배운 후에 태국에서 한국 식당을 열고 싶습니다.

1) 맞으면 ○, 틀리면 × 하십시오.

① 왓니차 씨는 태국 치앙마이에서 왔습니다. (   )

② 왓니차 씨는 한국에 온 다음에 결혼했습니다. (   )

③ 왓니차 씨는 한국 음식을 배우러 요리 학원에 다닙니다. (   )

2) 왓니차 씨는 왜 한국에 왔습니까?

_____

3) 왓니차 씨는 왜 한국 요리를 배웁니까?

_____

2 여러분을 소개하는 글을 메모하고, 써 봅시다.

이름	왓니차	
고향	태국 치앙마이	
주소	전라도 순천	
한국에 온 이유	한국 요리를 배우려고	
직업	요리사	
좋아하는 것	요리하는 것	

☐ 요리 학원　　☐ 잡채　　☐ 맛　　☐ 열다

② 요가를 한번 배워 보세요.

1 스포츠 센터 등록 서류입니다. 질문에 답하십시오.

춘천 스포츠 센터 **등록** 서류			
회원 이름	흐엉	**회원 번호**	2018120006
강좌	새벽 수영 교실 06:00 – 07:00	**수강료**	60,000원
수강 기간	2018. 3. 1.~ 2018. 5. 31.	**강사**	김수영
연락처	010-1234-9876	주 소	강원도 춘천시 석사동 4 하늘아파트 101동 503호

신청자 : 흐엉 (인)

1) 춘천 스포츠 센터에 누가 등록을 했습니까?

2) 무슨 강좌를 신청했습니까?

3) 이 강좌는 몇 시에 시작합니까?

4) 이 강좌는 며칠부터 며칠까지 수강할 수 있습니까?

5) 이 강좌는 얼마입니까?

6) 이 수업의 선생님 이름은 무엇입니까?

다문화가정과 함께하는 정확한 한국어 초급 2

2 어떤 프로그램에 등록하고 싶습니까? 이야기해 보십시오.

한강문화센터
가을 학기 회원 모집
AUTUMN

한강문화센터 가을 학기 강좌 안내

강좌	요일	시간	이용 요금	장소	강사	비고
기타 교실	화, 목	11:00-12:00	40,000원	음악실	최진우	악기 지참
요리 교실	금	10:00-11:30	30,000원	요리 교실	김진아	재료비 별도
왕초보 컴퓨터	화, 목	13:00-14:00	30,000원	컴퓨터 교실	박정현	
케이팝 댄스 교실	월, 수, 금	19:00-20:00	40,000원	댄스 연습실	이경	실내 운동화
유아 발레 교실	화, 금	16:00-17:00	50,000원	무용실	신지혜	
취미 미술	토	11:00-12:00	40,000원	미술실	성아영	재료비 별도

저는 기타 교실에 등록하고 싶어요.

저는 취미 미술 강좌에 등록하고 싶어요.

3 다음에서 골라 문장을 완성하세요.

환불하다	신청하다	연기하다

1) 이번 달 수영 강좌를 신청했지만 시간이 없어서 다음 달로 _____.

2) 이 강좌는 센터에 가서 _____ 됩니다.

3) 죄송하지만 수영 수강료를 _____ 주세요. 다리를 다쳐서 수영을 할 수 없어요.

–아/어 보세요

연습 1 다음 표를 완성하십시오.

-아 보세요		-어 보세요		해 보세요	
가다	가 보세요	먹다		전화하다	
앉다		마시다		운동하다	
오다		*듣다		공부하다	
알다		*쓰다		구경하다	

연습 2 친구가 전라도 여행을 갑니다. 친구에게 무엇을 하면 좋을지 추천해 주세요.

| 먹다 | 찍다 | 입다 | 빌다 | 등산하다 | 마시다 | 가다 |

전라도

전주는 비빔밥이 유명해요. 비빔밥을 꼭 한번 <u>먹어 보세요.</u>

전주에 가면 한옥 마을에 _____. 한옥 마을에서 한복을 빌릴 수

있어요. 거기에서 한복을 빌려서 _____. 한복이 아주 아름다워요. 그리고

한복을 입고 사진을 _____. 또 마이산에서 _____.

마이산에는 돌탑이 많이 있어요. 돌탑에서 소원을 _____. 그리고 보성에

있는 차밭에 가서 차를 _____. 차가 아주 맛있어요.

연습 1 문장을 완성하십시오.

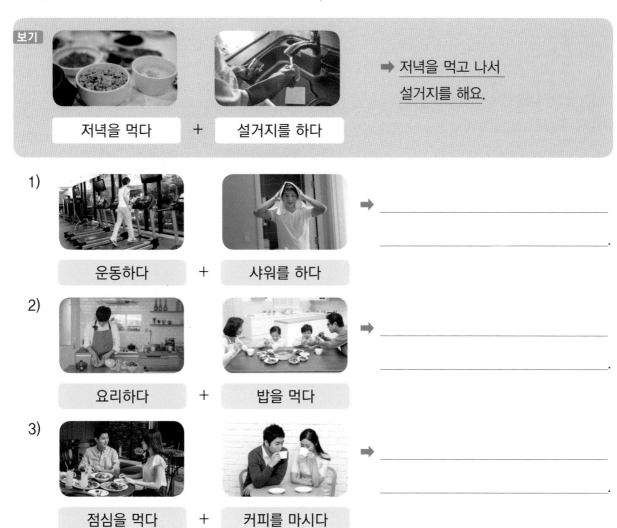

보기

저녁을 먹다 + 설거지를 하다

➡ 저녁을 먹고 나서
설거지를 해요.

1) 운동하다 + 샤워를 하다
➡ _____
_____.

2) 요리하다 + 밥을 먹다
➡ _____
_____.

3) 점심을 먹다 + 커피를 마시다
➡ _____
_____.

연습 2 대화를 완성하십시오.

보기 가: 언제 고향에 있는 가족하고 전화할 거예요?
나: (저녁을 먹다) 저녁을 먹고 나서 전화할 거예요.

1) 가: 보통 언제 드라마를 봐요?
나: (숙제를 하다) _____.

2) 가: 언제 친구를 만났어요?
나: (시험이 끝나다) _____.

3) 가: 언제 외출할 거예요?
나: (집안일을 마치다) _____.

연습 1 다음 표를 완성하십시오.

–면 되다		–으면 되다	
가다	가면 되다	먹다	먹으면 되다
사다		읽다	
빌리다		*듣다	
*만들다		*걷다	

연습 2 알맞은 것을 연결하고 문장을 완성하십시오.

조건　　　　　　　　　　　　　　　　　　　할 수 있는 일

1) 돈이 없다　　　　　●　　　　　　●　　에어컨을 켜다

2) 감기에 걸리다　　　●　　　　　　●　　아르바이트를 하다

3) 날씨가 덥다　　　　●　　　　　　●　　감기약을 먹다

1) 돈이 없으면 _____.

2) _____.

3) _____.

연습 3 그림을 보고 대화를 완성하십시오.

보기

가: 여권을 잃어버렸어요. 어떻게 해야 돼요?

나: 걱정하지 마세요. 대사관에 가면 돼요.

1)

가: 인천공항에 가려면 뭘 타야 돼요?

나: _____

2)

가: 한국어를 잘하고 싶으면 어떻게 해야 돼요?

나: _____

1 다음을 읽고 질문에 답하십시오.

2018년 8월 25일 금요일 11am~1pm

장소: 성북 글로벌빌리지센터
참가자: 거주 외국인(선착순 접수)
참가비: 참가자 부담 15,000원(일부 센터 부담)
내용: 한국의 전통주인 막걸리를 직접 담그고
　　　어울리는 안주를 만들어
　　　시음·시식해 본다.
신청 방법: 전화, 이메일, 방문 접수

이름	
국적	
연락처	
이메일	

1) 이 글의 제목으로 알맞은 것을 고르십시오.

① 외국인 친구 만들기

② 안주 만들기 요리 교실

③ 막걸리 만들기 체험 교실

④ 막걸리 무료 시식 체험 안내

2) 맞으면 ○, 틀리면 ✕ 하십시오.

① 이 프로그램은 외국인만 참여할 수 있습니다. 　　(　　)

② 이 프로그램을 신청하려면 꼭 직접 와야 합니다. 　　(　　)

2 한국에서 체험하고 싶은 프로그램이 있습니까? 위와 같이 체험 프로그램 전단지를 만들어 봅시다.

☐ 참가자	☐ 거주	☐ 외국인	☐ 선착순	☐ 일부	☐ 부담
☐ 전통주	☐ (술을) 담그다	☐ 어울리다	☐ 안주	☐ 시음(을) 하다	☐ 시식(을) 하다
☐ 전화	☐ 체험	☐ 무료	☐ 시식	☐ 참여(를) 하다	

여보세요? 나트 씨지요?

1 알맞은 것끼리 연결하십시오.

1)

2)

3)

4)

전화를 끊다 · 전화를 걸다 · 전화를 바꾸다 · 전화를 받다

2 다음에서 알맞은 표현을 골라 빈칸에 쓰십시오.

문자를 보내다(전송하다)   국제 전화를 하다   사진을 저장하다
스팸 문자를 지우다   사진을 보내다(전송하다)

1)

2)

3)

사진을 보내다

4)

5)

다문화가정과 함께하는 정확한 한국어 초급 2

3 다음에서 알맞은 표현을 골라 대화를 완성하십시오.

안녕히 계세요	여보세요	전화 잘못 걸었어요

1) _____?

네, 광주 다문화가족 지원센터입니다.

2) 그럼 안녕히 계세요.

네, _____.

3) 거기 다문화가족 지원센터지요?

아니요, _____.

4 다음에서 알맞은 단어를 골라 사전을 완성하십시오.

출석하다	결석하다	지각하다	출근하다	퇴근하다	결근하다

1) _____ : 동사 학교나 모임, 회의에 나가다.

2) _____ : 동사 학교나 회사에 정해진 시간보다 늦게 가다.

3) _____ : 동사 회사에 가지 않다.

4) _____ : 동사 회사에서 일을 끝내고 집으로 돌아가다.

5) _____ : 동사 회사에 일하러 나가다.

6) _____ : 동사 학교나 모임, 회의에 나가지 않다.

-(으)ㄴ데/는데 1

연습 1 다음 표를 완성하십시오.

-ㄴ데		-은데		-는데	
크다	큰데	좋다	좋은데	가다	가는데
예쁘다		작다		먹다	
빠르다		짧다		듣다	
느리다		*덥다		*살다	

연습 2 문장을 완성하십시오.

보기 <u>심심한데</u> 같이 영화 보러 갈래요? (심심하다)

1) _____ 같이 산책할까요? (날씨가 좋다)

2) _____ 수업 후에 쇼핑하러 갈까요? (요즘 백화점에서 세일을 하다)

3) _____ 혹시 두통약 있어요? (머리가 아프다)

4) _____ 한번 드셔 보세요. (이 집 삼계탕이 맛있다)

5) _____ 좀 가르쳐 주세요. (이 문제가 어렵다)

연습 3 문장을 완성하십시오.

보기 양양 씨는 제 친구예요. + 양양 씨는 중국에 살아요.

➡ <u>양양 씨는 제 친구인데 중국에 살아요.</u>

1) 이 사람은 제 동생이에요. + 제 동생은 참 귀여워요.

➡ _____.

2) 제 아내 고향은 부산이에요. + 부산은 바다가 아름다워요.

➡ _____.

연습 1 알맞은 말을 골라 빈칸을 쓰십시오.

지요?	이지요?	이시지요?

1) 생일이 언제 _지요_ ?

2) 오늘이 무슨 요일_____?

3) 약속 시간이 몇 시_____?

4) 저분이 우리 반 선생님_____?

연습 2 대화를 완성하십시오.

> **보기** 가: 지금 밖에 비가 <u>오지요</u>? (오다)
>
> 나: 아니요, 아까 왔는데 지금은 안 와요.

1) 가: 여러분, 가족을 _____? (사랑하다)

　나: 네, 물론이죠.

2) 가: 어제 시험이 _____? (어렵다)

　나: 네, 생각보다 어려웠어요.

3) 가: 이번 주말에도 친구를 _____? (만나다)

　나: 아니요, 시험이 있어서 안 만날 거예요.

연습 3 질문을 완성하고 친구에게 질문하십시오.

보기

이거 얼마지요?

1)

화장실이 _____?

2)

시험이 _____?

3)

저 사람이 _____?

연습 1 다음 표를 완성하십시오.

-아 주다/드리다		-어 주다/드리다		해 주다/드리다	
사다	사 주다 / 사 드리다	바꾸다	바꿔 주다 / 바꿔 드리다	청소하다	청소해 주다 / 청소해 드리다
찾다		빌리다		포장하다	
*돕다		만들다		설명하다	

연습 2 그림을 보고 문장을 완성하십시오.

사진을 찍다 ➡ 사진을 찍어 줄까요?

➡ 사진을 찍어 드릴까요?

1)

문을 열다 ➡ _____?

➡ _____?

2)

길을 가르치다 ➡ _____?

➡ _____?

3)

불을 끄다 ➡ _____?

➡ _____?

연습 3 대화를 완성하십시오.

> 보기 가: 동주 씨 전화번호 가르쳐 드릴까요? (가르치다)
>
> 나: 네, 문자로 좀 보내 주세요.

1) 가: 여러분, 다시 _____? (설명하다)

　　나: 네, 선생님. 다시 설명해 주세요.

2) 가: 시간 있어요? 제가 저녁 _____? (사다)

　　나: 네, 같이 먹어요. 그런데 지난번에 사 주셨으니까 오늘은 제가 살게요.

3) 가: 남은 음식을 _____? (포장하다)

　　나: 네, 포장해 주세요.

1 다음은 '인터넷 게시판'에 올라온 글입니다. 다음을 읽고 질문에 답하십시오.

제목: 서울글로벌센터 전화를 소개합니다.

여러분, 제가 오늘 유용한 정보 하나 알려 드릴게요. 서울글로벌센터 상담 전화 아세요? 서울글로벌센터 상담 전화는 02-2075-4180번인데 정말 유용해요. 외국인은 누구나 무료로 이용할 수 있어요. 제가 지난주에 부동산에 갔는데 한국어를 잘 못해서 계약서 내용을 이해할 수 없었어요. 그래서 제가 글로벌센터에 전화해서 계약서를 읽어 주니까 태국어로 설명해 줬어요. 여러분도 궁금한 것이 있으면 전화로 물어 보세요.

Re: **엔젤** 필리핀어도 있어요?

└ Re: 네, 한국어, 영어, 필리핀어, 몽골어, 중국어, 일본어, 베트남어, 러시아어, 우즈베크어, 태국어가 있어요.

---

1) 이 사람은 왜 이 글을 썼습니까?

① 친구들에게 연락하려고　　　　　② 친구들에게 질문하려고

③ 친구들에게 좋은 정보를 주려고　④ 친구들에게 태국어를 소개하려고

2) 맞으면 ○, 틀리면 ✕ 하십시오.

① 러시아어로 상담할 수 있습니다.　　　　(　　)

② 이 전화를 이용하면 돈을 냅니다.　　　　(　　)

2 친구들에게 소개하고 싶은 전화가 있습니까? 위와 같이 유용한 전화를 소개하는 글을 써 봅시다.

112　　　119　　　120　　　1330　　　131　　　114

☐ 유용하다　　☐ 정보　　☐ 소개하다　　☐ 상담　　☐ 누구나　　☐ 이용하다

☐ 부동산　　☐ 계약서　　☐ 내용　　☐ 이해하다　　☐ 상담하다

생신 잔치를 할까 해요.

1 여러분은 무엇을 입고 있습니까? 이야기해 보십시오.

셔츠	와이셔츠	양복	치마	원피스
양말	바지	구두	팬티	운동화

청바지

카디건

잠옷

우비

가운

스웨터

반바지

블라우스

조끼

수영복

점퍼

브래지어

코트

여러분은 무엇을 신고 있습니까? 이야기해 보십시오.

장화

부츠

스타킹

샌들

슬리퍼

2 무슨 액세서리를 하고 있습니까? 그림을 보고 이야기해 보십시오.

모자
선글라스

쓰다

벨트
시계

차다

장갑
안경

끼다

목걸이
귀걸이

하다

넥타이
목도리/스카프

매다

가방

메다
들다

3 무엇을 입고 있습니까? 그림을 보고 묘사해 보십시오.

연습 1 다음 표를 완성하십시오.

-ㄴ		-은	
가다	간	먹다	먹은
쓰다		읽다	
공부하다		앉다	
부르다		*듣다	
*만들다		*줍다	

연습 2 알맞게 쓰십시오.

보기   어제 바지를 입었다   +   그 바지가 멋있었다

➡ 어제 입은 바지가 멋있었어요.

1)   어제 생선회를 먹었다   +   그 회가 맛있었다

➡: _____.

2)   어제 책을 읽었다   +   그 책이 재미있었다

➡: _____.

3)   지난주에 친구를 만났다   +   그 친구가 나트 씨였다

➡: _____.

4)   작년에 아기가 태어났다   +   그 아기가 2살이 되었다

➡: _____.

5)   어제 부모님께 편지를 썼다   +   그 편지를 보냈다

➡: _____.

연습 1 다음 표를 완성하십시오.

–는		–는	
가다	가는	먹다	먹는
쓰다		읽다	
*알다		줍다	
*만들다		듣다	
*팔다		걷다	

연습 2 알맞게 쓰십시오.

보기
　요즘 외국어를 배워요.　+　그 외국어는 한국어예요.
➡ <u>요즘 배우는 외국어는 한국어예요.</u>

1)　요즘 드라마를 봐요.　+　그 드라마가 인기가 많아요.

　➡ : _____.

2)　요즘 한국 가요를 들어요.　+　그 한국 가요가 고향에서 유명해요.

　➡ : _____.

연습 3 알맞은 것을 고르고 대화를 완성하십시오.

보기　가: 지금 (간 / 가는) 식당이 이 동네에서 제일 유명해요.
　　　나: 그래요? 빨리 가서 먹고 싶네요.

1) 가: 지금 (마신 / 마시는) 차가 한국 전통차예요.
　　나: 아, 맛있네요.
2) 가: 저기 까만색 옷을 (입은 / 입는) 사람은 누구예요?
　　나: 저하고 제일 친한 (친구인 / 친구이는) 사라 씨예요.
3) 가: 지금 (읽은 / 읽는) 책이 뭐예요?
　　나: 요즘 (인기 있은 / 인기 있는) 소설이에요.
4) 가: (좋아한 / 좋아하는) 한국 음식이 뭐예요?
　　나: 다 좋아해요.
5) 가: 김치 (만든 / 만드는) 게 어려워요?
　　나: 조금 어렵지만 배우면 만들 수 있어요.

연습 1 다음 표를 완성하십시오.

–ㄹ까 하다		–을까 하다	
가다	갈까 하다	먹다	먹을까 하다
쓰다		읽다	
공부하다		찾다	
부르다		*듣다	
*만들다		*굽다	

연습 2 아직 확실하게 정해지지는 않았지만 생각하고 있는 일이 있습니까?
이유와 함께 이야기해 보십시오.

	주말 계획	이유
보기	아이랑 놀이공원에 놀러 가다	요즘 날씨가 좋다
1)	한국어를 공부하다	다음 주가 시험이다
2)	백화점에 가다	곧 친구 생일이다
3)	집에서 쉬다	너무 피곤하다
4)	시댁에 가다	오랫동안 못 뵈다

보기 가: 이번 주말에 뭐 할 거예요?

나: 요즘 날씨가 좋아서 아이랑 놀이공원에 놀러 갈까 해요.

1) 가: 다음 주말에 뭐 할 거예요?

나: _____.

2) 가: 내일 뭐 할 거예요?

나: _____.

3) 가: 이번 주말에 뭐 할 거예요?

나: _____.

4) 가: 이번 여름휴가에 뭐 할 거예요?

나: _____.

연습 1 다음 표를 완성하십시오.

–겠–		–겠–	
가다	가겠습니다	먹다	먹겠습니다
만나다		알다	
공부하다		만들다	
요리하다		돕다	

연습 2 여러분은 새해에 어떤 계획이 있습니까? 이야기해 보십시오.

보기 가: 나레카 씨, 새해에 어떤 계획이 있습니까?

나: **새해에는** 한국어 공부를 더 열심히 하겠습니다.

1) 나레카

한국어 공부를 더 열심히 하다

2) 나트

운동을 하다

3) 에디

커피를 안 마시다

4) 자가

고향에 부모님을 만나러 가다

5) 엔젤

가족 여행을 가다

6) 나

?

_____

 새해 계획을 써 보십시오.

		자가:

엔젤:	나:

1 다음을 읽고 질문에 답하십시오.

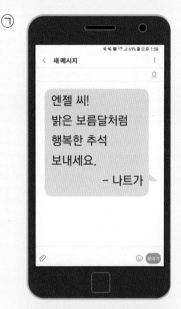
ㄱ

엔젤 씨!
밝은 보름달처럼
행복한 추석
보내세요.
　　　 – 나트가

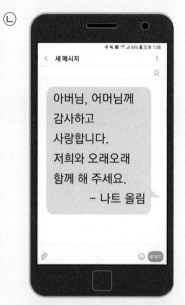
ㄴ

아버님, 어머님께
감사하고
사랑합니다.
저희와 오래오래
함께 해 주세요.
　　　 – 나트 올림

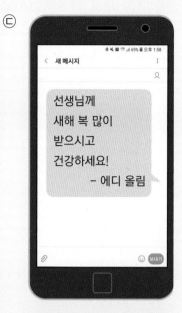
ㄷ

선생님께
새해 복 많이
받으시고
건강하세요!
　　　 – 에디 올림

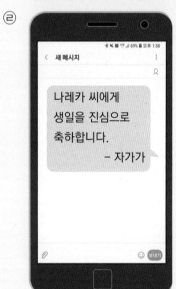
ㄹ

나레카 씨에게
생일을 진심으로
축하합니다.
　　　 – 자가가

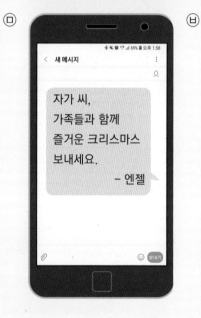
ㅁ

자가 씨,
가족들과 함께
즐거운 크리스마스
보내세요.
　　　 – 엔젤

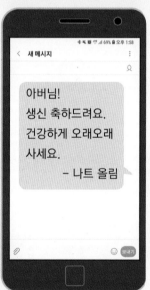
ㅂ

아버님!
생신 축하드려요.
건강하게 오래오래
사세요.
　　　 – 나트 올림

1) 각각의 메시지는 언제 보내는 것입니까?

| 새해(음력 1. 1.) | 어버이날(5. 8.) | 생일 |
| 생신 | 추석(음력 8. 15.) | 크리스마스(12. 25.) |

ㄱ ＿＿＿＿＿＿＿＿＿＿＿＿＿　　ㄴ ＿＿＿＿＿＿＿＿＿＿＿＿＿

ㄷ ＿＿＿＿＿＿＿＿＿＿＿＿＿　　ㄹ ＿＿＿＿＿＿＿＿＿＿＿＿＿

ㅁ ＿＿＿＿＿＿＿＿＿＿＿＿＿　　ㅂ ＿＿＿＿＿＿＿＿＿＿＿＿＿

☐ 밝다　　☐ 보름달　　☐ 보내다　　☐ 행복하다　　☐ 아버님　　☐ 어머님　　☐ 추석
☐ 복　　☐ 진심　　☐ 어버이날　　☐ 축하하다　　☐ 축하드리다　　☐ 새

2 반 친구에게 보낼 메시지를 써 봅시다.

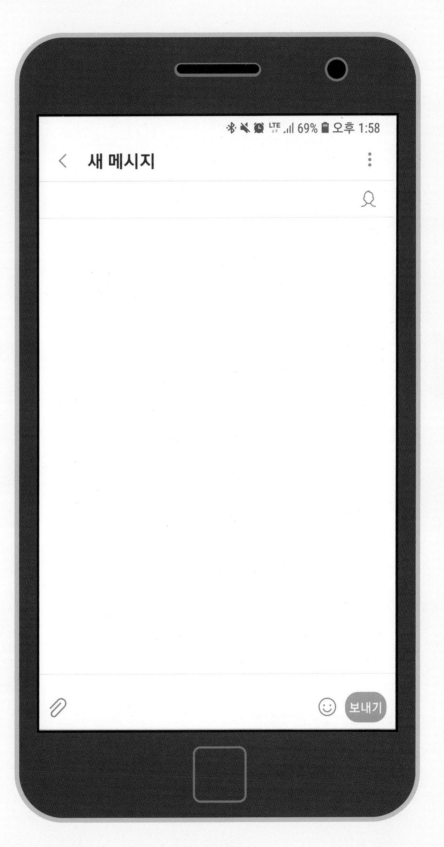

5 옷 정리 좀 도와주세요.

1 다음 그림에 알맞은 표현을 쓰십시오.

청소를 하다

손빨래를 하다   빨래를 걷다

쓰레기를 버리다

세탁기를 돌리다   건조기를 돌리다   장을 보다

빗자루질(을) 하다	빨래를 널다	설거지(를) 하다
걸레질하다	다림질(을) 하다	택배를 받다
청소기를 돌리다	빨래를 개다	분리수거(를) 하다

2 다음 기호를 보고 알맞은 번호를 쓰십시오.

① 짜지 마세요.   ② 드라이하지 마세요.

③ 물세탁하지 마세요.   ④ 다림질하지 마세요.

⑤ 기계 건조할 수 없어요.   ⑥ 옷걸이에 걸어서 그늘에 건조하세요.

3 무엇입니까? 그림을 보고 알맞은 단어를 쓰십시오.

먼지떨이	(진공)청소기	쓰레기봉투(종량제 봉투)	대걸레
고무장갑	빗자루	(손)걸레	쓰레받기

연습 1 문장을 완성하십시오.

| 설거지하다 | 운전하다 | 자다 | 기다리다 | 읽다 |

보기

당신이 <u>설거지하는 동안</u> 제가 청소할게요.

1)

가: 어제 뭐 했어요?

나: 나트 씨가 책을 _____
저는 음악을 들었어요.

2)

가: 어제 차가 많이 막히지 않았어요?

나: 네, 그래서 남편이 _____
제가 노래를 불러 줬어요.

3)

가: 자가 씨가 늦네요. 자가 씨를 _____
우리 먼저 커피를 마실까요?

나: 네, 좋아요.

4)

가: 어제 너무 피곤해서 일찍 잤어요. 그런데 제가 _____
_____ 남편이 설거지를 다 해 주었어요.

나: 아침에 기분이 좋았겠어요.

연습 1 다음 표를 완성하십시오.

–ㄹ 테니까		–을 테니까	
가다	갈 테니까	먹다	먹을 테니까
사다		찾다	
만나다		읽다	
*만들다		*듣다	

연습 2 집안일을 부탁합니다. 이야기하고 쓰십시오.

보기

여보, 제가 설거지할 테니까 당신은 쓰레기 좀 버려 주세요.

1)

빨래를 걷다
빨래를 개다

2)

다림질하다
빨래를 널다

3)

청소기를 돌리다
걸레질을 하다

4)

아기를 보다
설거지하다

5)

책을 정리하다
쓰레기를 버리다

6)

장을 보다
아이를 데리러 가다

1) _____ .

2) _____ .

3) _____ .

4) _____ .

5) _____ .

6) _____ .

연습 1 다음 표를 완성하십시오.

나		이나	
바다/산	바다나 산	산/바다	산이나 바다
사과/수박		수박/사과	

연습 2 문장을 완성하십시오.

보기

➡ 책이나 신문을 읽어요.

책   신문

1)

우유   주스

➡ _____를 마셔요.

3)

태권도   수영

➡ _____을 배우고 싶어요.

연습 3 대화를 완성하십시오.

보기 가: 점심에 보통 뭐 먹어요?

나: 보통 김밥이나 라면을 먹어요. (김밥 / 라면)

1) 가: 우리 무슨 요일에 만날까요?

나: 글쎄요, _____이 어때요? (월요일 / 화요일)

가: 저는 월요일이 좋아요.

2) 가: 우리 날씨도 좋은데 _____에 갈까요? (놀이공원 / 산)

나: 네, 좋아요. 놀이공원은 복잡하니까 근처 산에 가요.

3) 가: 저녁에 뭐 시켜 먹을까요?

나: 네, _____을 시켜 먹읍시다. (피자 / 치킨)

1 나트 씨의 메모입니다. 다음을 읽고 질문에 답하십시오.

> 석훈 씨에게
>
> 지금 급하게 센터에 가요. 핸드폰을 교실에 두고 왔어요.
> 집에 빨리 들어갈 테니까 배가 고프면 빵이나 과일을
> 먹고 조금만 기다려 주세요.
> 기다리는 동안에 쌀 씻어서 밥만 해 주세요.^^ 고마워요.
>
> 나트

1) 나트 씨는 누구에게 부탁합니까?

_____

2) 나트 씨는 무엇을 부탁하였습니까?

_____ , _____

2 여러분은 집안일을 누구에게 많이 부탁합니까? 어떤 일을 부탁합니까? 다음 표를 완성하고 부탁하는 메모를 써 봅시다.

누구	언제	어떤 일

☐ 급하다　　☐ 두다　　☐ 쌀　　☐ 씻다

약속 때문에 저녁에 늦어요.

1 나레카의 회사 생활입니다. 무엇을 합니까? 쓰십시오.

회식하다	회의하다	프레젠테이션을 하다
근무하다(일하다)	출근하다	퇴근하다
출장을 가다	점심 식사하다	야근을 하다

8월 7일   출근하다

8월 8일   출장을 가다

2 나레카 씨의 하루입니다. **1** 의 그림을 보고 다음 글을 완성하십시오.

저는 한국에 있는 무역 회사에서 근무합니다. 요즘 회사에 일이 아주 많습니다. 저희 회사의 출근 시간은 9시입니다. 하지만 일이 많아서 오늘은 8시 반에 1)_____. 그리고 9시 30분부터 11시까지 2)_____. 회의를 마친 후에 사무실에서 3)_____. 12시는 점심시간이라서 회사 카페테리아에서 점심을 먹었습니다. 점심시간 후에 2시간 반 동안 프레젠테이션을 준비했습니다. 그리고 3시 반에 사장님과 동료들 앞에서 4)_____.

저녁에는 동료들과 같이 회사 근처 식당에서 5)_____. 저녁을 먹은 후에 저는 다시 회사에 갔습니다. 그리고 밤 11시까지 6)_____. 내일 출장을 가야 해서 일이 많았습니다. 11시 20분쯤 7)_____.

내일도 아침에 일찍 일어나야 합니다. 왜냐하면 8시까지 케이티엑스(KTX)를 타고 포항으로 출장을 가야 합니다.

3 알맞은 단어를 찾아 쓰십시오.

출근 시간	동료	퇴근 시간	카페테리아(구내식당)	사무실

보기 가: 출근 시간이 몇 시예요?
나: 회사에 9시까지 가야 해요.

1) 가: 오늘 _____이/가 몇 시예요?
나: 저녁 7시요. 7시 30분까지 집에 갈 거예요.

2) 가: _____ 식사가 어때요?
나: 싸고 맛있어요. 그리고 회사 안에서 먹으니까 편해요.

3) 가: _____에 텔레비전이 있어요?
나: 아니요, 없어요. 텔레비전은 회의실에 있어요.

4) 가: 이분은 누구예요?
나: 저하고 회사에서 같이 근무하는 _____이에요/예요.

연습 1 다음 표를 완성하십시오.

-ㄹ		-을	
가다	갈	먹다	먹을
배우다		입다	
바쁘다		*돕다	
*만들다		*듣다	

연습 2 알맞게 쓰십시오.

보기 | 내일 친구를 만날 거예요. | + | 그 친구는 고향 친구예요. |

➡ 내일 만날 친구는 고향 친구예요.

1) | 내일 한국 음식을 먹을 거예요. | + | 그 음식이 빈대떡이에요. |

➡: _____.

2) | 오늘 저녁에 일을 할 거예요. | + | 그 일이 많아요. |

➡: _____.

연습 3 알맞은 것을 고르십시오.

보기 가: 내일 파티 준비를 (도와준 / 도와주는 /⟨도와줄⟩) 사람이 있어요?
　　 나: 네! 제가 도와줄게요.

1) 가: 나레카 씨, 내일 저녁에 같이 영화 볼까요?
　 나: 미안해요. 내일 저녁에 (한 / 하는 / 할) 일이 있어요.

2) 가: 원피스가 너무 잘 어울려요!
　 나: 이 원피스는 작년에 백화점에서 (산 / 사는 / 살) 옷이에요.

3) 가: 내일 친구 결혼식에 갈 거지요?
　 나: 네, 그런데 아직 (입은 / 입는 / 입을) 옷하고 (신은 / 신는 / 신을) 구두를 준비하지
　　　 못했어요.

4) 가: 우리 이번 주말에 (본 / 보는/ 볼) 영화가 뭐예요? 기대돼요.
　 나: '택시'예요.

5) 가: 요즘 (본 / 보는 / 볼) 한국 드라마가 뭐예요?
　 나: '사랑'이에요. 아주 재미있어요.

6) 가: 무슨 한국 음식을 좋아해요?
　 나: 제가 (좋아한 / 좋아하는 / 좋아할) 음식은 물냉면이에요.

연습 1 다음 표를 완성하십시오.

-면서		-으면서	
마시다	마시면서	먹다	먹으면서
기다리다		읽다	
일하다		*돕다	
*만들다		*듣다	

연습 2 사람들이 무엇을 합니까? 이야기하고 쓰십시오.

커피를 마시다   이야기하다   전화하다   걷다

샌드위치를 먹다   음악을 듣다   핸드폰을 보다   책을 읽다   쉬다

보기   커피를 마시면서 이야기해요 _____ .

1) _____ .

2) _____ .

3) _____ .

4) _____ .

연습 1 그림을 보고 대화를 완성하십시오.

| 시험공부 | 출장 | 냄새 | 감기 |

1)
가: 요즘 에디 씨가 피곤한 것 같아요.

나: 네, ＿＿＿＿＿＿＿＿＿＿＿＿ 잠이 부족해서요.

2)
가: 중국에 왜 가요?

나: 회사 ＿＿＿＿＿＿＿＿＿＿＿＿ 중국에 가야 해요.

3)
가: 이상한 ＿＿＿＿＿＿＿＿＿＿＿＿ 머리가 아파요.

나: 그럼 창문을 열까요?

4)
가: 왜 약을 먹어요?

나: ＿＿＿＿＿＿＿＿＿＿＿＿ 먹어요.

연습 2 알맞은 단어를 골라 문장을 완성하십시오.

| 학생 | 비자 신청 | 디자인 | 교통사고 |

1) ＿＿＿＿＿＿＿＿＿＿＿＿ 길이 막혀서 약속에 늦었어요.

2) 이 옷은 가격이 더 비싸지만 ＿＿＿＿＿＿＿＿＿＿＿＿ 인기가 더 많아요.

3) 내일은 ＿＿＿＿＿＿＿＿＿＿＿＿ 출입국 관리 사무소에 가야 해요.

4) ＿＿＿＿＿＿＿＿＿＿＿＿ 공부를 열심히 해야 해요.

🔍 돋보기

■ 때문에
• 아기 **때문에** 힘들어요.

■ 이기 때문에
• 아기**이기 때문에** 혼자 못 먹어요.

1 다음은 김석훈 씨 회사의 안내문입니다. 다음을 잘 읽고 질문에 답하십시오.

안   내

알립니다. 우리 회사에 신입 사원이 3명 들어왔습니다. 그래서 다음과 같이 신입 사원 환영회를 합니다. 회식하면서 신입 사원 소개를 하겠습니다. 꼭 참석해 주십시오. 업무 때문에 참석하지 못하면 이메일로 미리 알려 주십시오.

일시 : 9월 25일 저녁 7시
장소 : 회사 앞 '삼겹살식당'

※ 식사 후에 2차로 노래방에 갈 예정입니다.

1) 왜 이 안내문이 붙었습니까?
　① 신입 사원 소개 때문에
　② 김석훈 씨의 승진 때문에
　③ 신입 사원 환영 회식 때문에
　④ 새로운 프로그램 개발 때문에

2 회식을 알리는 안내문을 써 봅시다.

안   내

장소 :
일시 :

☐ 알리다　　☐ 환영회　　☐ 참석하다　　☐ 업무　　☐ 일시　　☐ 2차　　☐ 예정
☐ 환영　　☐ 새롭다　　☐ 개발

미안해요. 못 갈 것 같아요.

1 알맞은 단어를 골라 게시판을 완성하십시오.

회식	장소	모임	공지	일시

〈_____ 사항〉

다음 주 금요일 수업 후에 우리 반 회식을 합니다.
방학 전 마지막 _____(이)니까 꼭 오세요.

- _____ : 7월 21일 금요일 오후 1시
- _____ : 다문화가족지원센터 앞 '한우 한 마리' 식당

학생 대표 자가

2 알맞은 것을 골라 대화를 완성하십시오.

외식을 하다	외출을 하다	어리다	돌봐 주다

1) 가: 아기가 몇 살 됐어요?

   나: 15개월 됐어요. 아직 <u>어려요</u>.

2) 가: 수잔 씨, 오늘 저녁 식사 같이 할까요?

   나: 미안해요. 오늘 가족과 같이 _____.

3) 가: 엔젤 씨, 이번 주 금요일 모임에 올 수 있어요?

   나: 네, 갈 수 있어요. 시어머니께서 아기를 _____ 괜찮아요.

4) 가: 여보세요? 전 자가 친구 나레카인데요. 자가 씨 있어요?

   나: 자가는 _____. 5시쯤 집에 올 거예요.

3 알맞은 것을 골라 문장을 완성하십시오.

다치다	넘어지다	깁스를 하다

1)

- 토니 씨가 다리를 다쳤어요.

2)

- 민호 씨가 팔에 _____.

3)

- 톨라 씨가 뛰어가다가 _____.

4 알맞은 것을 골라 대화를 완성하십시오.

퇴근	안부	감기 몸살	급한 일

1) 가: 일이 아직 안 끝났어요? 언제 퇴근해요?

   나: 오늘은 일이 좀 많네요. 먼저 가세요.

2) 가: 미안해요. 오늘은 만날 수 없어요. 회사에 _____이/가 생겼어요.

   나: 그래요? 그럼 다음에 봐요.

3) 가: 수미 씨는 오늘 왜 안 왔어요?

   나: _____이/가 심해서 집에서 쉬고 있어요.

4) 가: 오랜만이에요.

   나: 잘 지냈어요? 남편도 잘 있죠? 남편에게도 _____ 전해 주세요.

연습 1 다음 표를 완성하십시오.

	-는 것 같다	-(으)ㄴ 것 같다	-(으)ㄹ 것 같다
가다	가는 것 같다	간 것 같다	갈 것 같다
보다			
공부하다			
먹다			
*듣다			

	-(으)ㄴ 것 같다	-(으)ㄹ 것 같다
크다		
작다		
깨끗하다		
*덥다		

	-는 것 같다	-(으)ㄹ 것 같다
맛있다		
재미없다		

연습 2 알맞은 단어를 골라 대화를 완성하십시오.

맛있다	이다	오다	좋다

1) 가: 오늘 오후에 비가 올까요?

　　나: 바람이 불고 하늘에 구름이 많으니까 오후에는 비가 올 것 같아요.

2) 가: 저 식당은 어때요?

　　나: 음식이 ＿＿＿＿＿＿＿＿＿＿. 식당에 항상 손님이 많아요.

3) 가: 시험이 어려웠지요?

　　나: 네, 그래서 시험 성적이 안 ＿＿＿＿＿＿＿＿＿＿.

4) 가: 누가 김 선생님이에요?

　　나: 잘 모르겠어요. 아마 저분이 김 선생님 ＿＿＿＿＿＿＿＿＿＿.

연습 1 왜 스트레스를 받습니까? 그림을 보고 쓰십시오.

사람이 많다   일이 많다   노래를 잘 못 부르다   한국어를 잘 못하다   돈이 없다

보기

매일 지하철로 출퇴근을 해야 하는데

사람이 많기 때문에 스트레스를 받아요.

1)

오늘 집에 일찍 가야 하는데

_____.

2)

한국 국적을 받고 싶은데

_____.

3)

내일이 추석인데

_____.

4)

친구들하고 노래방에 갈 건데

_____.

연습 2 대화를 완성하십시오.

보기   가: 오늘은 눈이 와서 길이 미끄럽기 때문에 운전 안 하는 게 좋아요.

    나: 그럼 지하철을 타고 가요.

1) 가: 이 식당은 항상 사람이 많아요?

   나: 네, 음식도 맛있고 값도 _____ 사람들이 이 식당을 좋아해요.

2) 가: 제니 씨는 커피를 안 마셔요?

   나: 커피를 마시면 밤에 잠을 잘 못 _____ 안 마셔요.

3) 가: 겨울옷이 필요해요?

   나: 그럼요, 그곳은 날씨가 _____ 두꺼운 외투도 필요해요.

연습 1 한국에서 살기가 어떻습니까? 알맞게 연결하고 쓰십시오.

보기	젓가락으로 먹다	•	•	쉽다
1)	한국에서 취업하다	•	•	어렵다
2)	한국에서 운전하다	•	•	재미있다
3)	한국 음식을 만들다	•	•	재미없다
4)	한국에서 버스를 타다	•	•	괜찮다
5)	한국에서 여행을 하다	•	•	힘들다
6)	한국에서 친구를 사귀다	•	•	편하다
7)	한국에서 취직하다	•	•	불편하다
8)	한국어 공부하다	•	•	좋다
9)	한국에서 살다	•	•	나쁘다

보기 젓가락으로 먹기가 불편해요.

1) _____ .

2) _____ .

3) _____ .

4) _____ .

5) _____ .

6) _____ .

7) _____ .

8) _____ .

9) _____ .

1 다음을 읽고 질문에 답하십시오.

1) 왜 약속을 취소했습니까?

① 다리를 다쳤기 때문에   ② 시간이 없기 때문에

③ 한 달 동안 바쁘기 때문에   ④ 다음에 만나고 싶기 때문에

2) 문자 메시지를 받고 보낼 답신으로 가장 알맞은 것을 고르십시오.

① 아니에요. 저도 바빠요.   ② 그래요? 연락해 볼게요.

③ 그렇군요. 저도 아팠어요.   ④ 아, 그렇군요. 빨리 나으세요.

2 약속을 했는데 약속을 취소해야 됩니다. 약속 취소 문자를 써 봅시다.

☐ 낫다

친정 가족이 몇 명이에요?

1 다음은 트엉 씨의 가족입니다. 그림에 알맞은 번호를 쓰십시오.

① 남편	② 아버지(친정아버지)	③ 어머니(친정어머니)
④ 할아버지	⑤ 할머니	⑥ 남동생
⑦ 언니	⑧ 오빠	⑨ 여동생
⑩ 큰딸	⑪ 작은딸	⑫ 아들

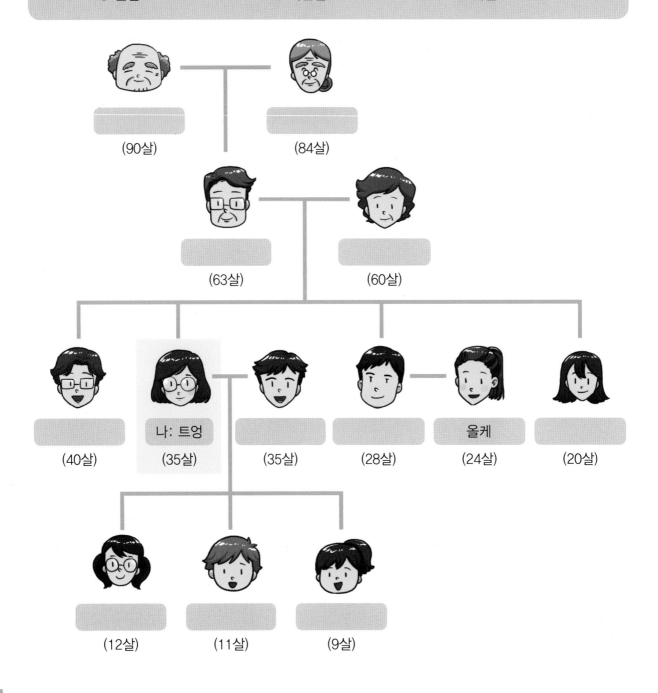

2 다음은 트엉 씨의 시댁 사람들의 명칭과 호칭입니다. 그림에 알맞은 번호를 쓰십시오.

① 동서(형님)　　　　② 시아버지(아버님)　　　③ 시어머니(어머님)
④ 시숙(아주버님)　　⑤ 시누이(형님)　　　　⑥ 시숙(도련님, 서방님)

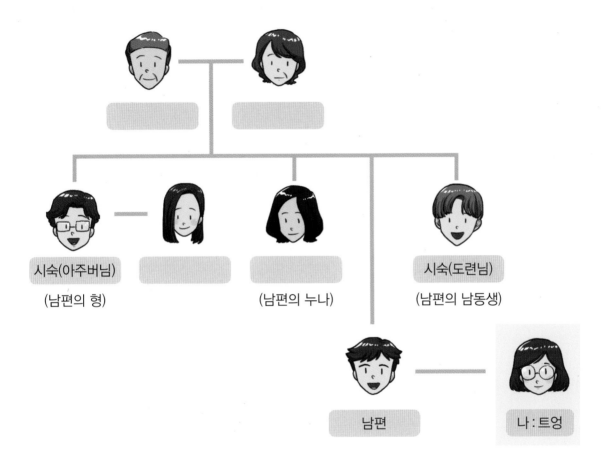

시숙(아주버님)　　　　　　　　　(남편의 누나)　　　　　　시숙(도련님)
(남편의 형)　　　　　　　　　　　　　　　　　　　　　　　(남편의 남동생)

남편　　　　　　나: 트엉

3 높임말입니다. 알맞은 단어를 연결하세요.

이름		연세
나이		성함
집		댁
사람		분
생일		생신
이/가		께
한테/에게		께서

연습 1 다음 표를 완성하십시오.

	-(으)십니다	-(으)셨습니다	-(으)실 겁니다
가다	가십니다	가셨습니다	가실 겁니다
읽다			
*만들다			
*듣다			
*줍다			

	-(으)세요	-(으)셨어요	-(으)실 거예요
가다	가세요	가셨어요	가실 거예요
읽다			
*만들다			
*듣다			
*줍다			

	높임말	-(으)십니다	-(으)세요
먹다/마시다	드시다	드십니다	드세요
자다	주무시다	주무십니다	주무세요
있다/없다	계시다 / 안 계시다	계십니다 / 안 계십니다	계세요 / 안 계세요
죽다	돌아가시다	돌아가셨습니다	돌아가셨어요

연습 2 무엇을 하십니까? 문장을 완성하십시오.

보기 선생님, 한국어를 가르치다

➡ 선생님께서 한국어를 <u>가르치십니다</u>.

1)

할아버지,
책을 읽다

➡ _____.

2)

선생님,
차를 마시다

➡ _____.

3)

어머니,
아침을 준비하다

➡ _____.

4)

아버지,
방에서 자다

➡ _____.

연습 3 뭐 하세요? 문장을 완성하십시오.

보기　아버지, 신문을 읽다

➡ 아버지께서 신문을 읽으세요.

1) 　할아버지,
저녁을 먹다

➡ _____.

2) 　선생님,
한국 문화를 가르쳐 주다

➡ _____.

3) 　어머니,
필리핀에 살다

➡ _____.

4) 　아버지,
방에 있다

➡ _____.

연습 4 맞는 것을 고르세요.

성함	생신	분	께서	께	댁	연세

보기　가: 어머니 생신이 언제예요?

나: 저희 어머니 생신은 3월 5일이에요.

1) 저희 아버지 _____은/는 에르카예요.

2) 이_____은/는 저희 아버지세요.

3) 가: 실례지만 _____이/가 어떻게 되세요?

　　나: 예순다섯이에요.

4) 저희 친정 부모님 _____은/는 태국 치앙마이예요.

5) 가: 언제 부모님_____ 한국에 오세요?

　　나: 이번 겨울에 오실 거예요.

6) 가: 이 선물은 누구에게 줄 거예요?

　　나: 1월 3일이 저희 아버지 _____이에요/예요.

　　　그래서 아버지_____ 드릴 거예요.

연습 1 무엇을 하고 있어요. 이야기하고 쓰십시오.

| 울다 | 웃다 | 우유를 주다 | 노래를 부르다 | 전화(/통화)를 하다 |

아기가 울고 있어요.

_____

_____

_____

_____

연습 2 사만나가 가족들이 무엇을 하고 있는지 전화로 이야기합니다. 그림을 보고 이야기하고 쓰십시오.

| 꽃에 물을 주다 | 빵을 먹다 | 과일을 깎다 | 설거지를 하다 |

지금 할아버지께서는 꽃에 물을 주고 계세요.

_____

_____

_____

–(으)ㄹ 줄 알다/모르다

연습 1 다음 표를 완성하십시오.

	–ㄹ 줄 알다/모르다		–을 줄 알다/모르다
가다	갈 줄 알다 / 갈 줄 모르다	읽다	읽을 줄 알다 / 읽을 줄 모르다
타다		찾다	
치다		먹다	
말하다		찍다	
*만들다		닫다	

연습 2 대화를 완성하십시오.

보기

가: 다이빙할 줄 알아요?

나: 네, <u>할 줄 알아요</u>.

아니요, <u>할 줄 몰라요</u>.

1)

가: 두리안을 먹을 줄 알아요?

나: 네, _____.

아니요, _____.

2)

가: 트럭 운전을 할 줄 알아요?

나: 네, _____.

아니요, _____.

3)

가: 자전거를 탈 줄 알아요?

나: 네, _____.

아니요, _____.

4)

가: 컴퓨터를 고칠 줄 알아요?

나: 네, _____.

아니요, _____.

1 다음을 읽고 질문에 답하십시오.

지난 주말에 친척 결혼식에 갔습니다. 시부모님, 남편과 같이 갔습니다. 남편의 친척들이 많이 왔습니다. 대부분 처음 본 친척들이었습니다. 시부모님께서는 결혼식 전에 저에게 친척 분들을 소개해 주셨습니다. 하지만 저는 친척들의 이름을 기억할 수 없었습니다.

결혼식이 끝나고 나서 피로연에서 밥을 빨리 먹은 후에 저는 결혼식장 밖으로 나와 조카와 놀았습니다. 그런데 그때 할머니 한 분께서 웃으면서 저에게 걸어오셨습니다. 하지만 할머니의 성함이 기억이 나지 않았습니다. 정말 당황했습니다. 그때 그 할머니께서 저에게 물었습니다. "실례지만, 여기 화장실이 어디에 있어요?" 저는 웃으면서 할머니를 화장실까지 안내해 드렸습니다.

그래서 요즘 결혼식 단체 사진을 보면서 남편 친척들의 이름을 공부하고 있습니다.

1) 나는 지난 주말에 어디에 갔습니까?

① 사진관

② 예식장

③ 레스토랑

④ 생일 파티

2) 글의 내용과 맞는 것을 고르세요.

① 여자는 아이를 아주 좋아합니다.

② 여자는 결혼식이 재미없었습니다.

③ 여자가 만난 할머니는 남편의 친척입니다.

④ 여자는 친척들의 이름을 잘 모릅니다.

| 대부분 | 기억하다 | 피로연 | 결혼식장 | 나오다 | 걸어오다 | 조카 | 전혀 |
| 기억(이) 나다 | 당황하다 | 안내하다 | 단체 | 사진관 | 예식장 | 레스토랑 |

2 한국에서 생활하면서 당황했던 일이 있었습니까? 친구들과 이야기하고 써 보십시오.

언제	지난 주말	
어디	친척 결혼식에서 (예식장)	
왜	친척들 얼굴을 기억하지 못해서	
어떻게	이야기하지 않으려고 계속 밥을 먹었어요. 조카아이와 놀았어요.	

3 여러분이 직접 겪은 당황한 일을 써 봅시다.

보충·복습 듣기 (1~8과)

※ [1~4] 다음을 듣고 〈보기〉와 같이 물음에 맞는 대답을 고르십시오. Track 01 🎧

〈보기〉

가: 공책이에요?

나: _____

❶ 네, 공책이에요.　　　　② 네, 공책이 없어요.

③ 아니요, 공책이 싸요.　　④ 아니요, 공책이 커요.

---

1. ① 한국어를 정말 잘하시네요.
   ② 한국어를 잘하니까 다행이에요.
   ③ 어떻게 하면 이렇게 한국어를 잘해요?
   ④ 한국 친구와 말하기 연습을 많이 하면 돼요.

2. ① 커피를 마신 것 같아요.　　　　② 커피를 마시면서 공부해요.
   ③ 커피를 마시니까 공부해요.　　　④ 커피를 마시기가 힘들어요.

3. ① 네, 감사합니다.　　　　　　　② 저도 그렇게 할 거예요.
   ③ 음식이 조금 모자랐어요.　　　④ 아니요, 음식을 남겼어요.

4. ① 네, 비빔밥을 만들 수 있어요.　　② 네, 저는 한국 음식을 잘 먹어요.
   ③ 아니요, 한국 음식은 조금 매워요.　④ 아니요, 한국 음식을 안 좋아해요.

※ [5~7] 다음을 듣고 〈보기〉와 같이 이어지는 말을 고르십시오. Track 02 🎧

┌─────────────────────────── 〈보 기〉 ───────────────────────────┐
│   │
│ 가: 맛있게 드세요.   │
│ 나: _____   │
│   │
│ ① 좋겠습니다.   ② 모르겠습니다.   │
│ ❸ 잘 먹겠습니다.   ④ 처음 뵙겠습니다.   │
│   │
└───┘

5. ① 재미있어서 기뻐요.   ② 영화를 많이 보셨네요.
   ③ 아니요, 할 수 없지요.   ④ 맞아요, 정말 재미있을 것 같아요.

6. ① 알겠어요, 꼭 오세요.   ② 왜 모임에 안 왔어요?
   ③ 그럼 모임에서 만나요.   ④ 왜요? 무슨 일 있어요?

7. ① 한국어를 많이 배웠어요.   ② 한국어를 안 배워도 돼요.
   ③ 한국 회사에 익숙해졌어요.   ④ 한국 회사에서 일하려고 배워요.

※ [8~9] 여기는 어디입니까? 〈보기〉와 같이 알맞은 것을 고르십시오. Track 03 🎧

┌─────────────────────────── 〈보 기〉 ───────────────────────────┐
│   │
│ 가: 내일까지 숙제를 꼭 내세요.   │
│ 나: 네, 선생님.   │
│   │
│   ❶ 교실   ② 공항   ③ 가게   ④ 병원   │
│   │
└───┘

8. ① 회사   ② 공항   ③ 학교   ④ 식당

9. ① 은행   ② 마트   ③ 도서관   ④ 문화 센터

※ [10~13] 다음은 무엇에 대해 말하고 있습니까? 〈보기〉와 같이 알맞은 것을 고르십시오.

Track 04

〈보 기〉

가: 누구예요?

나: 이 사람은 형이고, 이 사람은 동생이에요.

❶ 가족 　　　　② 친구 　　　　③ 선생님 　　　　④ 부모님

10. ① 요리 　　　　② 계절 　　　　③ 정리 　　　　④ 빨래

11. ① 약속 　　　　② 운동 　　　　③ 결석 　　　　④ 지각

12. ① 날짜 　　　　② 사랑 　　　　③ 선물 　　　　④ 파티

13. ① 경험 　　　　② 쇼핑 　　　　③ 장소 　　　　④ 시간

※ [14~15] 다음 대화를 듣고 알맞은 그림을 고르십시오. Track 05

14. ①  ②

③  ④

15. ①  ②

③  ④

보충·복습 읽기 (1~8과)

※ [1~3] 무엇에 대한 이야기입니까? 〈보기〉와 같이 알맞은 것을 고르십시오.

―〈보 기〉―

사과를 먹습니다. 사과가 맛있습니다.

❶ 과일　　　　② 선물　　　　③ 생일　　　　④ 병원

1.

저는 산에 가는 것을 좋아해요. 그래서 주말마다 등산을 해요.

① 건강　　　　② 정보　　　　③ 취미　　　　④ 날짜

2.

이번 달 수영 강좌에 등록했어요. 하지만 시간이 없어서 다음 달에 수강하기로 했어요.

① 연기　　　　② 출석　　　　③ 소개　　　　④ 수강료

3.

아침에 늦게 일어났어요. 그래서 수업이 시작되고 나서 학교에 도착했어요.

① 공부　　　　② 이름　　　　③ 주말　　　　④ 지각

※ [4~8] 〈보기〉와 같이 다음 (   )에 들어갈 가장 알맞은 것을 고르십시오.

───── 〈보 기〉 ─────

저는 (   )에 갑니다. 옷을 삽니다.

   ① 교실   ② 식당   ❸ 백화점   ④ 분식집

4.

저쪽에 파란색 옷을 (   ) 사람이 에디입니다. 저하고 아주 친한 친구입니다.

① 입은   ② 입는   ③ 좋아한   ④ 좋아하는

5.

우리 부부는 (   )을/를 함께 합니다. 저는 청소를 하고 아내는 빨래를 합니다.

① 결혼   ② 대화   ③ 청소   ④ 집안일

6.

김 대리가 이번에 과장으로 (   ). 그래서 직원들이 모두 축하해 주었습니다.

① 승급했습니다   ② 야근했습니다   ③ 승진했습니다   ④ 출근했습니다

7.

갑자기 (   ) 일이 생겼습니다. 그래서 이번 모임에는 못 나갈 것 같습니다.

① 급한   ② 편한   ③ 쉬운   ④ 간단한

8.

우리 남편은 한국 사람입니다. 저는 남편과 한국에서 살고 있습니다. 이번에 우리 (   )께서 한국에 놀러 오셨습니다. 그래서 우리는 시부모님까지 모시고 다 같이 식사를 했습니다.

① 형님   ② 동서   ③ 시동생   ④ 친정 부모님

※ [9~11] 다음을 읽고 맞지 <u>않는</u> 것을 고르십시오.

9.

> 저는 베트남에서 온 레투라고 합니다. 저는 노래하는 것을 좋아합니다. 저는 한국 노래를 배우려고 한국 K-POP 동호회에 가입했습니다.
>
> 동호회 이름은 '노래 사랑'입니다. 우리 동호회에서는 일주일에 한 번 모여서 노래방에 같이 갑니다. 회원들은 자기가 좋아하는 노래를 부릅니다.
>
> 노래 동호회에서는 한국 노래도 부르고 한국어 말하기도 연습할 수 있습니다. 그래서 저는 우리 동호회를 아주 좋아합니다.

① 레투 씨는 노래하는 것을 좋아합니다.
② 이 동호회는 일주일에 두 번 모입니다.
③ 이 동호회에서는 노래방에 함께 갑니다.
④ 이 동호회에서는 한국어 말하기도 연습할 수 있습니다.

10.

한국 요리 교실

다문화 주부를 위한 생일 음식 요리 교실	직장인을 위한 요리 교실
월요일 오전 10시	수요일 저녁 7시
참가비 없음 재료비 1회 15,000원 총 2회	참가비 1회 5,000원 재료비 1회 10,000원 총 4회
미역국, 잡채, 불고기	비빔밥, 김치볶음밥, 콩나물국

① 직장인 요리 교실은 참가비가 없습니다.
② 생일 음식 요리 교실은 오전에 열립니다.
③ 수요일에 비빔밥과 콩나물국을 배울 수 있습니다.
④ 다문화 주부 요리 교실의 재료비는 한 번에 15,000원입니다.

11.

> **외국인을 위한 상담 전화를 소개합니다!**
>
> 여러분, 서울글로벌센터 상담 전화 아세요? 한국에 사는 외국인은 누구나 이용할 수 있어요. 비용은 무료이고 통역 서비스도 있어요. 센터 이용 시간은 평일 오전 9시부터 저녁 7시까지예요. 야간 상담은 월요일과 목요일에 가능해요.

① 서울글로벌센터의 상담은 무료입니다.
② 서울글로벌센터는 한국어로만 상담합니다.
③ 수요일에 야간 상담을 받을 수 없습니다.
④ 한국에 사는 외국인은 서울글로벌센터를 이용할 수 있습니다.

※ [12~14] 다음의 내용과 같은 것을 고르십시오.

12.

> 오늘은 제 생일이에요. 저는 친구들을 우리 집에 초대했어요. 분홍 옷을 입은 사람은 나레카이고 나레카는 스리랑카에서 왔어요. 의자에 앉아 있는 사람은 에디예요. 오늘 우리는 맛있는 음식을 먹고 즐겁게 놀 거예요.

① 오늘은 나레카의 생일입니다.
② 에디는 스리랑카에서 왔습니다.
③ 오늘 친구들이 우리 집에 왔습니다.
④ 의자에 앉아 있는 사람은 나레카입니다.

13.

> 오늘은 우리 네 가족이 함께 대청소를 하는 날입니다. 남편은 창문을 닦고 저는 욕실 청소를 합니다. 딸은 물건 정리를 하고 아들은 청소기를 돌립니다. 우리 집이 새 집처럼 깨끗해졌습니다.

① 우리 집은 새집입니다.
② 우리 가족은 4명입니다.
③ 아들은 창문을 닦았습니다.
④ 딸은 청소기를 돌렸습니다.

14.

> 다음 주 금요일 저녁에 신입 사원 환영회를 합니다. 바쁘시겠지만 직원 여러분은 모두 회식에 꼭 참석해 주시기 바랍니다. 참석하지 못하는 분들은 미리 알려 주시기 바랍니다. 회식 장소는 회사 앞 제일식당입니다.

① 신입 사원이 모여서 회의를 합니다.
② 금요일에 신입 사원 환영회를 합니다.
③ 직원들이 제일식당에서 점심을 먹습니다.
④ 회식에 참석하는 직원은 미리 연락해야 합니다.

※ [15~16] 다음을 읽고 중심 생각을 고르십시오.

15.

> 이번 주말에 한국어를 함께 공부한 친구들이 모입니다. 우리는 두 달에 한 번 만납니다. 그런데 우리 아기가 아파서 저는 이번 모임에 못 갈 것 같습니다. 다음 모임에는 꼭 나가려고 합니다.

① 모임에 못 나가서 화가 납니다.
② 아기가 아프면 병원에 가야 합니다.
③ 저는 다음 모임에 꼭 나가고 싶습니다.
④ 우리는 한국어를 매우 열심히 공부합니다.

16.

> 한국에 처음 왔을 때 저는 한국말을 전혀 할 줄 몰랐습니다. 한국에 대해 잘 몰라서 한국 생활도 힘들었습니다. 이제는 제가 하고 싶은 말을 한국어로 할 수 있습니다. 한국에 대해 많이 공부해서 처음보다 생활하기가 편합니다.

① 저는 한국 생활에 익숙해졌습니다.
② 한국에 대해 많이 공부해야 합니다.
③ 저는 한국어를 열심히 공부했습니다.
④ 외국인에게 한국 생활은 쉽지 않습니다.

※ [17~18] 다음을 읽고 물음에 답하십시오.

> 아미르 씨, 저 민수예요. 미안해서 어떡하지요? 제가 갑자기 다리를 다쳤어요.
> (㉠) 내일 저녁 약속을 못 지킬 것 같아요. 걸을 수 없어서 외출이 힘들어요.
> 우리 다음에 만나요. 정말 미안해요. 제가 나중에 다시 연락할게요.

17. ㉠에 들어갈 알맞은 말을 고르십시오.

① 그리고   ② 하지만   ③ 그런데   ④ 그래서

18. 이 글의 내용과 같은 것을 고르십시오.

① 아미르는 내일 저녁에 민수를 만납니다.
② 민수는 다리를 다쳐서 외출할 수 없습니다.
③ 민수는 내일 저녁 약속을 지킬 수 있습니다.
④ 아미르는 갑자기 일이 생겨서 민수를 만날 수 없습니다.

※ [19~20] 다음을 읽고 물음에 답하십시오.

> 이사를 하고 나서 친구나 친척을 집에 초대하는 한국 문화를 '집들이'라고 합니다.
> 집들이에 초대를 (㉠) 사람은 세제, 휴지 등을 가지고 갑니다. 이 선물에는
> 무엇이든지 술술 잘 풀리라는 의미가 있습니다. 요즘은 필요한 물건을 살 수 있도록
> 현금을 주기도 합니다.

19. ㉠에 들어갈 알맞은 말을 고르십시오.

① 한   ② 찾습니다   ③ 하는   ④ 받은

20. 무엇에 대한 이야기인지 맞는 것을 고르십시오.

① 초대   ② 손님   ③ 친척   ④ 집들이

9 부모님께 한복을 사 드리고 싶어요.

1 마이클 씨는 아래 날짜에 무엇을 했습니까? 이야기해 보십시오.

1일	2일	3일	4일	5일	6일	7일	8일	9일	10일
하루	이틀	사흘	나흘	닷새	엿새	이레	여드레	아흐레	열흘

3월

월	화	수	목	금	토	일
			1	2	3	4
5	6	7 우체국	8 한국어 수업	9 서점	10 부모님과 영상 통화	11 아들 생일
12 공원	13 영화	14 공원 산책	15 한국어 수업	16	⑰ 오늘	18
19	20	21	22	23	24	25
26	27	28	29	30	31	

가: 이틀 전에 뭐 했어요?

나: 한국어 수업했어요.

2 다음 사진의 아기는 몇 개월입니까?

1개월	2개월	3개월	4개월	5개월	6개월
한 달	두 달	석 달	넉 달	다섯 달	_____ 달
7개월	8개월	9개월	10 개월	11개월	12개월
일곱 달	_____ 달	아홉 달	_____ 달	열한 달	_____ 달

1개월: 누워서 먹고 자요.
2개월: 턱을 들어요.
3개월: 소리 내서 웃어요.
4개월: 머리를 들 수 있어요.
5개월: 뒤집을 수 있어요.
6개월: 장난감을 잡을 수 있어요.
7개월: 혼자 앉을 수 있어요.
8개월: 이유식을 먹을 수 있어요.
9개월: 잡아 주면 설 수 있어요.
10개월: 길 수 있어요.
11개월: 손을 잡고 걸을 수 있어요.
12개월: 혼자 설 수 있어요.

3 여러분은 다음 일들을 언제 했습니까? 이야기해 보십시오.

	나	친구
영화를 보다		
미용실에 가다		
고향 부모님께 전화하다		
여행을 하다		
은행에 가다		

가: 언제 영화를 봤어요?

나: <u>이틀 전</u>에 영화를 봤어요.

연습 1 다음 표를 완성하십시오.

-려면		-으려면	
가다	가려면	찾다	찾으려면
사다		읽다	
만나다		*돕다	
잘하다		*굽다	
만들다		*걷다	
팔다		*듣다	

연습 2 친구가 조언을 구합니다. 어떻게 해야 하는지 이야기해 보십시오.

가: 운동화를 싸게 사고 싶어요. 어디에 가야 돼요?

나: <u>운동화를 싸게 사려면 시장에 가 보세요.</u>

1)

가: 한국어를 더 잘하고 싶어요. 어떻게 해야 해요?

나: _____.

2)

가: 외국인 등록증을 만들어야 해요. 어디에 가야 해요?

나: _____.

3)

가: 아이 학교 준비물이 필요해요. 어디에서 사야 해요?

나: _____.

연습1 다음 표를 완성하십시오.

-ㄴ 지		-은 지	
오다	온 지	넣다	넣은 지
배우다		읽다	
만나다		*돕다	
사귀다		*줍다	
*만들다		*걷다	
*살다		*듣다	

연습2 여러분은 다음과 같은 일을 한 지 얼마나 되었습니까?

보기 가: 마이클 씨, 언제 한국에 왔어요?
나: 2개월 전에 왔습니다. 수라 씨는요?
가: <u>저는 한국에 온 지 8개월 되었습니다.</u> (한국에 오다 / 8개월)

1) 가: 에이미 씨, 한국에서 회사 생활을 오래 했어요?

　나: 네, 이 회사에 _____ 넘었어요. (들어오다 / 반 년)

2) 가: 키라 씨 언제 결혼했어요?

　나: 저는 3년 전에 결혼했어요. 미지 씨는요?

　가: 저는 이제 _____ 지났어요. (결혼하다 / 한 달)

　나: 아, 그래요? 아직 신혼이시네요!

3) 가: 죄송하지만 영화 시작한 지 얼마나 됐어요?

　나: _____ 됐어요. (시작하다 / 15분쯤)

4) 가: 스미스 씨, 에이미 씨 소식 들었어요?

　나: 아니요, 못 들었어요. 저도 소식을 _____ 넘었어요. (듣다 / 두 달)

5) 가: 수지 씨 한국에 언제 왔어요?

　나: 한국에서 _____ 됐어요. (살다 / 7년쯤)

연습 1 다음 대화를 완성하십시오.

> **보기** 가: 집에서 다문화가족지원센터까지 얼마나 걸려요?
>
> 나: 한 시간쯤 걸려요.
>
> 가: 한 시간이나 걸려요? 힘들겠네요.

1) 가: 고향에서 한국까지 얼마나 걸려요?

   나: 열두 시간 정도 걸려요.

   가: 열두 시간_____ 걸려요? 정말 머네요!

2) 가: 한국에 온 지 얼마나 됐어요?

   나: 이제 십 년 넘었어요.

   가: 십 년_____ 됐어요? 그래서 한국말을 잘하시는군요!

3) 가: 이 가방 어때요? 어제 백화점에 가서 십만 원에 샀어요.

   나: 십만 원_____ 줬어요? 너무 비싸네요.

연습 2 친구의 상황을 듣고 나의 생각을 이야기해 보십시오.

상황	내 생각	
어제 15시간 자다	☐ 적다	☐ 많다
피자 한 판을 혼자 다 먹다	☐ 적다	☐ 많다
일 년에 한 번 고향에 가다	☐ 적다	☐ 많다
어제 커피를 다섯 잔 마시다	☐ 적다	☐ 많다
어제 5시간 자다	☐ 적다	☐ 많다

가: 어제 15시간 잤어요.

나: 15시간밖에 안 잤어요? / 15시간이나 잤어요?

돋보기

■ 밖에

• 이 옷은 천 원**밖에** 안 해요.

• 한국에 온 지 일주일**밖에** 안 됐어요.

1 다음을 잘 읽고 질문에 답하십시오.

🌐 📇 　　　　　　　　　　　　　　　 👤 ☰

👤 **하디자**
8시간 전 👥

안녕하세요. 저는 터키 사람 하디자입니다. 지금 남편과 함께 터키에 있는 한국 회사에 다니고 있습니다. 저희 부부는 이번 겨울부터 한국에 일을 하러 갑니다. 하지만 한국 생활을 잘 몰라서 여러분의 도움이 필요합니다. 이번 12월부터 초등학생 딸과 함께 한국에서 살려면 무엇을 준비해야 할까요?

👍 좋아요　　💬 댓글 달기　　↪ 공유하기

👍❤️ Iris님 외 10명

　Iris 아이를 한국에서 외국인 학교에 보내려면 학교를 빨리 알아보셔야 해요.
　좋아요 답글 달기

　Christ 한국 겨울은 날씨가 추우니까 따뜻한 옷을 준비하세요.
　좋아요 답글 달기

　Sara 저도 터키에서 왔어요. 지금 한국에 산 지 이 년 되었습니다. 반갑습니다.
　좋아요 답글 달기

---

1) 맞으면 ○, 틀리면 ✕ 하십시오.

① 하디자 씨의 딸은 초등학생입니다. 　　　　　　　(　　)

② 하디자 씨는 내년에 한국에 올 겁니다. 　　　　　(　　)

③ 사라(Sara) 씨는 2년 전에 한국에 왔습니다. 　　(　　)

④ 하디자 씨는 지금 한국에서 회사에 다니고 있습니다. 　(　　)

2 여러분은 위의 하디자 씨에게 어떤 조언을 해 주겠습니까? 써 봅시다.

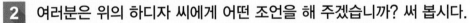

☐ 터키　　☐ 부부　　☐ 도움　　☐ 초등학생

교환 좀 하려고 왔어요.

1 인터넷 쇼핑을 합니다. 다음을 보고 질문에 답하십시오.

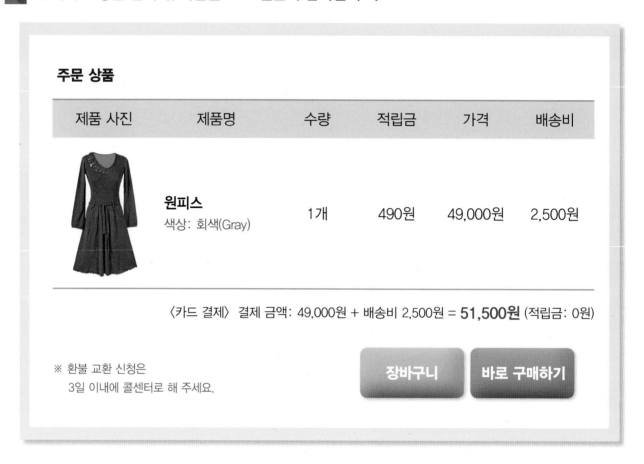

주문 상품

제품 사진	제품명	수량	적립금	가격	배송비
	원피스 색상: 회색(Gray)	1개	490원	49,000원	2,500원

〈카드 결제〉 결제 금액: 49,000원 + 배송비 2,500원 = **51,500원** (적립금: 0원)

※ 환불 교환 신청은
3일 이내에 콜센터로 해 주세요.

장바구니 **바로 구매하기**

1) 어떤 옷을 사요?

2) 옷의 가격이 얼마예요?

3) 배송비가 얼마예요?

4) 무슨 색 옷을 사요?

5) 어떻게 결제했어요?

6) 교환하거나 환불하려면 어떻게 해야 해요?

2 물건이 마음에 안 들어서 교환하려고 합니다. 그림을 보고 이야기해 보십시오.

크다	작다	마음에 안 들다	안 어울리다
사이즈		디자인	

너무 밝다	너무 어둡다	길다	짧다
색깔		길이	

너무 비싸다

가격

왜 운동화를 교환하려고 해요?

가격이 너무 비싸서 교환하려고 해요.

3 알맞은 단어를 쓰십시오.

무슨	어느

1) 가: _____ 요일이에요?

　 나: 목요일이에요.

2) 가: _____ 색을 좋아해요?

　 나: 노란색을 좋아해요.

3) 가: 뭘 찾으세요?

　 나: 셔츠 있어요?

　 가: 네, 빨간 셔츠하고 파란 셔츠가 있어요. _____ 것이 좋아요?

연습 1 문장을 완성하십시오.

보기

운동화   구두

가: 뭐가 더 편해요?

나: <u>운동화가 구두보다 편해요.</u>

1)

제주도   서울

가: 어디가 더 따뜻해요?

나: _____ 따뜻해요.

2)

시장   백화점

가: 어디가 더 싸요?

나: _____ 싸요.

연습 2 문장을 완성하십시오.

보기   한라산이 높다   +   남산이 낮다

➡ <u>남산보다 한라산이 높아요.</u>

➡ <u>한라산보다 남산이 낮아요.</u>

1)   다문화가족지원센터가 가깝다   +   도서관이 멀다

➡ _____.

➡ _____.

2)   공책이 얇다   +   교재가 두껍다

➡ _____.

➡ _____.

3)   버스가 느리다   +   지하철이 빠르다

➡ _____.

➡ _____.

연습 1 알맞은 것을 연결하고 대화를 완성하십시오.

한국 음식	• -------	• 코미디 영화
운동	•	• 떡볶이
한국 도시	•	• 수영
영화	•	• 서울

보기　가: 한국 음식 중에서 무슨 음식을 제일 좋아해요?
　　　나: 한국 음식 중에서 떡볶이를 제일 좋아해요.

1) 가: ＿＿＿＿＿＿＿＿＿＿＿＿ 무슨 운동을 제일 잘해요?

　　나: ＿＿＿＿＿＿＿＿＿＿＿＿＿＿＿＿＿＿＿＿＿＿＿.

2) 가: ＿＿＿＿＿＿＿＿＿＿＿＿ 어느 도시가 가장 커요?

　　나: ＿＿＿＿＿＿＿＿＿＿＿＿＿＿＿＿＿＿＿＿＿＿＿.

3) 가: ＿＿＿＿＿＿＿＿＿＿＿＿ 무슨 영화를 가장 자주 봐요?

　　나: ＿＿＿＿＿＿＿＿＿＿＿＿＿＿＿＿＿＿＿＿＿＿＿.

연습 2 대화를 완성하십시오.

보기

가: 우리 반에서 누가 제일 나이가 많아요?
나: 우리 반에서 마이클 씨가 제일 나이가 많아요.

1)

가: 한국에서 어디 인구가 가장 많아요?

나: ＿＿＿＿＿＿＿＿＿＿＿＿＿＿＿＿＿＿＿. (서울)

2)

가: 한국에서 어느 공항이 제일 커요?

나: ＿＿＿＿＿＿＿＿＿＿＿＿＿＿＿＿＿＿＿. (인천공항)

연습 1 문장을 완성하십시오.

보기

오빠는 키가 <u>큰데</u> 동생은 키가 <u>작아요</u>.

오빠, 키가 크다   동생, 키가 작다

1)

밤, 조용하다   낮, 시끄럽다

밤에는 _____

낮에는 _____.

2)

바지, 길다   셔츠, 짧다

바지는 _____

셔츠는 _____.

3)

한국   일본   미국

일본, 가깝다   미국, 멀다

일본은 _____

_____.

연습 2 한 문장으로 만드십시오.

보기 이 코트는 값은 싸요. 그런데 색깔이 너무 밝아요.

➡ <u>이 코트는 값은 싼데 색깔이 너무 밝아요.</u>

1) 이 신발은 디자인은 예뻐요. 그런데 좀 불편해요.

➡ _____.

2) 이 바지는 마음에 들어요. 그런데 값이 너무 비싸요.

➡ _____.

3) 이 사람은 외국 사람이에요. 그런데 김치를 잘 먹어요.

➡ _____.

1 교환/반품 신청서를 읽고 질문에 답하십시오.

예쁜 옷장

교환/반품 신청서

교환/반품 규정

- 교환은 3일 이내에 가능하며 왕복 택배비(5,000원)를 박스 안에 넣어 보내셔야 합니다.
- 세탁하거나 착용하신 옷은 교환 및 반품이 되지 않습니다.
- 제품에 이상이 있어서 교환 및 반품할 경우 택배비를 본사가 지불합니다.

교환/반품 요청서

- 반품 ☑   교환 ☐
- 고객명 나트
- 연락처 010-3451-0098
- 은행명 대한은행 309-89-767543
- 예금주 나트
- 교환 또는 반품 사유 사이즈가 작고 쇼핑몰 사진과 옷이 다릅니다.

1) 이 사람은 왜 반품하려고 합니까?

_____.

2) 맞으면 ○, 틀리면 ✕ 하십시오.

① 옷을 빨래하면 교환할 수 없습니다.　　　　　(　　)

② 옷을 교환하려면 택배비를 보내야 합니다.　　(　　)

2 여러분도 교환/반품 신청서를 써 봅시다.

| ☐ 반품 | ☐ 왕복 | ☐ 택배비 | ☐ 규정 | ☐ 착용하다 | ☐ 및 | ☐ 이상 | ☐ 반품하다 |
| ☐ 본사 | ☐ 지불하다 | ☐ 요청서 | ☐ 고객님 | ☐ 예금주 | ☐ 사유 | ☐ 쇼핑몰 | |

11 환전을 하고 싶은데요.

1 알맞은 단어를 찾아 쓰십시오.

통장	현금 인출기(ATM)	대기표	창구	현금 카드
화폐	거래 명세표	계좌 번호	신용 카드	

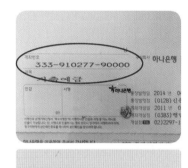

2 현금 인출기입니다. 무엇을 할 수 있습니까? 알맞게 연결하십시오.

1) 입금 •

• 은행에 돈을 맡겨요.
은행 계좌에 돈을 넣어요.
저금을 해요.

2) 예금 출금 •

• 관리비, 전기료, 수도료를 내요.

3) 계좌 송금
계좌 이체 •

• 돈을 언제, 얼마나 썼는지
통장에 써 줘요.

4) 조회 업무 •

• 통장에 돈이 얼마 있는지 알려
줘요.

5) 통장 정리 •

• 다른 은행에 있는 계좌로 돈을
보내요.

6) 지로/공과금 •

• 맡긴 돈을 찾아요.
계좌에서 돈을 빼요.

3 한국에서 은행에 갔습니까? 왜 갔습니까? 이야기해 보십시오.

| 통장을 만들다 | 카드를 발급 받다 | 저금(을) 하다 |
| 송금(을) 하다 | 환전(을) 하다 |

은행에 왜 갔어요?

통장을 만들러 갔어요.

연습 1 다음 표를 완성하십시오.

	-아/어요	-아/어서	-(으)면
다르다	달라요	달라서	다르면
빠르다			
모르다			
고르다			
자르다			

연습 2 대화를 완성하십시오.

| 오르다 | 다르다 | 빠르다 | 모르다 | 바르다 |

1) 가: 과일 가격이 어때요?

   나: 요즘 가격이 ＿＿＿＿＿＿＿＿＿＿ 비싸요.

2) 가: 왜 늦었어요?

   나: 길을 ＿＿＿＿＿＿＿＿＿ 늦었어요.

3) 가: 보통 자기 전에 화장품을 ＿＿＿＿＿＿＿＿＿＿?

   나: 네, 저는 스킨하고 로션을 ＿＿＿＿＿＿＿＿＿.

4) 가: 한국에 처음 왔을 때 어땠어요?

   나: 우리나라와 한국 문화가 ＿＿＿＿＿＿＿＿＿＿ 조금 힘들었어요.
   하지만 지금은 괜찮아요.

연습 1 다음 표를 완성하십시오.

–ㄹ까요?		–을까요?	
오다	올까요?	재미있다	
비싸다		작다	
끝나다		많다	
어울리다		*어렵다	
*만들다		*걷다	

연습 2 대화를 완성하십시오.

어울리다　　　끝나다　　　오다　　　어렵다　　　많다

보기 가: 이 옷이 저에게 어울릴까요?

나: 잘 어울릴 거예요. 한번 입어 보세요.

1) 가: 수업이 언제 _____.

　　나: 아마 1시쯤 끝날 것 같아요.

2) 가: 내일 비가 _____?

　　나: 글쎄요. 잘 모르겠어요.

3) 가: 이번 시험이 _____?

　　나: 아마 어려울 것 같아요.

4) 가: 공원에 사람이 _____?

　　나: 주말이니까 많을 것 같아요.

연습 1 다음 표를 완성하십시오.

–ㄹ 거예요		–을 거예요	
오다	올 거예요	많다	많을 거예요
어울리다		맛있다	
비싸다		좋다	
예쁘다		*덥다	
*만들다		*듣다	

연습 2 대화를 완성하십시오.

못 오다	비가 오다	맛있다	기분이 좋다	어울리다

보기 가: 내일 날씨가 어떨까요?

나: 아마 비가 올 거예요.

1) 가: 오늘 나레카 씨가 수업에 올까요?

나: 아니요, 아마 아파서_____.

2) 가: 우리 어디서 점심 먹을까요?

나: 저 식당 어때요? 손님이 많으니까 아마 음식이 _____.

3) 가: 한국어 말하기 대회에서 누가 1등을 했어요?

나: 자가 씨가 1등을 했어요. 아마 자가 씨는 _____.

4) 가: 저한테 파란색이 어울릴까요?

나: 한번 입어 보세요. 잘 _____.

1 다음을 읽고 질문에 답하십시오.

민국은행

외국환 매매 영수증(외화 사실 때)
2018-12-**

고객 번호 : ****

성　　　함 : 박유미

〈환전 내역〉

구분	통화	외화 금액	환율	원화 금액	국가
Cash	JY	25,000	1000.00	250,000	일본

원화 합계 :　　　　₩ 250,000

주신 금액 :　　　　₩ 250,000

거스름돈 :　　　　　₩ 0

귀하에게 위와 같이 외화를 매도하였음을 증명합니다.

민국은행을 이용해 주셔서 감사합니다.

담당자: 최승호

---

1) 맞으면 ○, 틀리면 × 하십시오.

① 송금 영수증입니다. 　　　　　　　　　　　　　　　(　　　)

② 외국 돈(외국환)을 샀습니다. 　　　　　　　　　　　(　　　)

③ 박유미 씨는 은행 직원입니다. 　　　　　　　　　　(　　　)

2 은행에서 송금이나 환전을 한 적이 있습니까? 왜 했는지, 어떻게 했는지 써 봅시다.

무엇?	왜?	어떻게?
송금	부모님 생신	한국(원) → ?
환전		

☐ 외국환　　☐ 매매　　☐ 외화　　☐ 내역　　☐ 고객 번호　　☐ 구분
☐ 합계　　☐ 거스름돈　　☐ 귀하　　☐ 매도하다　　☐ 증명하다

단발머리로 자르고 싶어요.

1 다음 그림을 보고 맞는 머리 모양을 골라서 쓰십시오.

단발머리	생머리	파마머리	긴 머리	커트 머리	스포츠머리

긴 머리

2 미용실에 갔습니다. 미용사에게 어떻게 말하면 좋을지 쓰십시오.

보기

머리를 자르다

가: 어떻게 해 드릴까요?

나: 머리를 잘라 주세요.

1)

파마하다

_____ 주세요.

2)

머리를 다듬다

_____ 주세요.

3)

염색을 하다

_____ 주세요.

3 미용실입니다. 손님에게 어울리는 머리 모양을 추천해 주십시오.

1)

길다

가: 저는 어떤 머리 모양이 어울릴까요?

나: 손님은 얼굴이 <u>길어서</u> 단발머리를 하면 잘 어울릴 것 같아요.

2)

동그랗다

가: 저는 어떤 머리 모양이 어울릴까요?

나: 손님은 얼굴이 _____ 긴 생머리를 하면 좋을 것 같아요.

3)

갸름하다

가: 저는 어떤 머리 모양이 어울릴까요?

나: 손님은 얼굴이 _____ 뭐든지 잘 어울려요.

4)

네모나다

가: 저는 어떤 머리 모양이 어울릴까요?

나: 손님은 얼굴이 _____ 파마머리를 하면 좋겠어요.

4 다음에서 골라 문장을 완성하세요.

짧다	길다	가늘다	두껍다
작다	크다	날씬하다	뚱뚱하다

1) 저는 조금 뚱뚱해요. 그래서 <u>날씬한</u> 사람이 부러워요.

2) 남편이 반지를 선물했어요. 그런데 제 손가락이 _____ 반지가

안 들어갔어요. 손가락이 _____ 좋겠어요.

3) 저는 계속 _____ 머리를 했어요. 그런데 머리를 감고 말리기가

너무 힘들어요. 그래서 요즘은 _____ 머리를 하고 싶어요.

4) 지금 제 가방은 _____. 그래서 책을 많이 넣을 수 있어요. 그렇지만 주말에

친구 결혼식에 가야 해요. 그래서 좀 귀엽고 _____ 가방을 사고 싶어요.

연습 1 엔젤 씨가 가족 소개를 하고 있습니다. 다음 글에 맞는 단어를 쓰십시오.

귀엽다	멋있다	바쁘다	맛있다	예쁘다

여러분 안녕하세요? 저는 필리핀에서 온 엔젤입니다. 지금부터 우리 가족을 소개해 드리겠습니다. 우리 가족은 모두 세 명입니다. 남편, 저, 딸이 있습니다. 우리 남편은 키도 크고, _____ 생겼습니다. 우리 남편은 요리사입니다. 요리를 아주 맛있게 잘 만듭니다. 요즘 우리 남편이 일하는 식당에 손님이 많습니다. 그래서 우리 남편은 날마다 _____ 일하고 있습니다.

우리 딸은 아주 귀엽게 생겼습니다. 그리고 아주 _____ 웃습니다.

연습 2 오늘 이지영 선생님의 생일 파티를 하려고 합니다. 친구들과 무엇을 준비하면 좋을지 이야기해 보십시오.

멋있다	맛있다	예쁘다	크다

1) 가: 저는 뭘 하면 좋을까요?

　　나: 에디 씨는 풍선을 크게 불어 주세요.

2) 가: 저는 뭘 준비할까요?

　　나: 나레카 씨는 요리를 _____ 만들어 주세요.

3) 가: 저는요?

　　나: 자가 씨는 나레카 씨가 만든 음식을 식탁 위에 _____ 놓아 주세요.

4) 가: 저는 무엇을 하면 좋을까요?

　　나: 이 선물들을 _____ 포장해 주세요.

연습 1 다음을 보고 어울리는 사진과 단어를 연결하고 쓰십시오.

보기　　　　　　1)　　　　　　2)　　　　　　3)　　　　　　4)

인형	호랑이	아기	거북이	시계
·	·	·	·	·
·	·	·	·	·
예쁘다	귀엽다	무섭다	정확하다	느리다

보기　호랑이처럼 무서워요.

1) _____ .　　2) _____ .

3) _____ .　　4) _____ .

연습 2 나레카 씨에게 친구를 소개해 주려고 합니다. 단어를 골라 대화를 완성하십시오.

가수	모델	농구 선수	영화배우	아이

가: 나레카 씨, 주말에 시간 있어요? 제 친구를 소개하고 싶은데요.

나: 그래요? 어떤 사람인데요?

가: 우리 회사 사람인데 아주 멋있는 사람이에요. 영화배우처럼 잘생겼고 모델처럼 키도 커요.

나: 그래요? 저는 운동을 잘하는 사람을 좋아하는데……

가: 운동도 아주 잘해요. 특히 농구를 1) _____ 잘해요.

　　그리고 목소리도 좋고 2) _____ 노래도 잘해요.

　　나레카 씨, 음악을 좋아하지요?

나: 그런데 그런 멋있는 사람이면 좋아하는 사람이 많을 것 같아요.

가: 아니에요. 친구는 많지만 사귀는 사람은 없어요. 정말 3) _____

　　착한 사람이니까 꼭 만나 보세요.

나: 알겠어요. 만나 볼게요. 고마워요.

연습 1 다음 표를 완성하십시오.

–아 보이다		–어 보이다		해 보이다	
좋다	좋아 보이다	힘들다	힘들어 보이다	착하다	착해 보이다
바쁘다		예쁘다		행복하다	
비싸다		어리다		건강하다	
네모나다		*무섭다		깨끗하다	

연습 2 다음 그림을 보고 문장을 완성하십시오.

크다	작다	무겁다	가볍다

보기
키가 커 보여요.

키가 _____

가방이 _____

가방이 _____

연습 3 여기는 기차역입니다. 사람들의 모습을 보고 문장을 완성하십시오.

아프다	기쁘다	화가 나다	슬프다

보기 이 가족은 아주 기뻐 보여요.

1) 이 커플은 아주 _____.

2) 이 아이는 _____.

3) 이 사람들은 _____.

1 다음은 어떤 장소를 소개하는 글입니다. 글을 읽고 질문에 답하십시오.

남성 여러분, 여러분은 어디에서 머리를 하십니까? 아직도 이발소에 가십니까? 예전 우리 아버지들은 이발소에서 머리를 잘랐습니다. 그런데 이발소에서 해 주는 머리 모양은 항상 똑같았습니다. 이것이 마음에 들지 않는 남성들은 여성들이 가는 미용실에 가기 시작했습니다. 그런데 미용실에 가면 여성들이 너무 많아서 불편한 남성들도 있습니다. 이런 남성들이 요즘 머리를 하는 곳이 있습니다. 그곳은 바로 '남성 전용 미용실'입니다. 이 미용실은 가격도 비싸지 않고 이발소보다 멋있게 머리를 할 수 있어서 남성들에게 인기가 있습니다. 하지만 어떤 남성 전용 미용실에서는 자기 스스로 머리를 감아야 합니다. 여러분도 한번 가 보고 싶습니까?

1) 이 글은 무엇에 대해 소개하고 있습니까?

_____ .

2) 이곳의 장점은 무엇입니까?

① _____ .

② _____ .

2 여러분이 요즘 하고 싶은 머리 모양은 무엇입니까? 먼저 그것에 대해 메모해 보십시오.

항목	내용	* 먼저 그림을 그려 보세요.
머리 길이		
머리 모양		
머리 색깔		
누구처럼		

3 여러분이 원하는 머리 모양을 자세하게 써 봅시다.

	남성		이발소		머리(를) 하다		예전		똑같다		여성
	전용		스스로								

13 독감 예방 주사를 맞도록 하세요.

1 보건소에 가 봤어요? 뭐가 있어요? 이야기해 보십시오.

| 금연 클리닉 | 내과 | 예방 접종실 | 치과 | 물리 치료실 |

물리 치료실

보건소

2 보건소에 가 본 적이 있습니까? 다음 대화를 읽고 알맞은 단어를 골라 빈칸에 쓰십시오.

| 무료 | 접수처 | 민원실 | 처방전 |

1) 가: 처방전은 어디에서 받아요?

   나: _____에서 받으면 돼요.

2) 가: 이 _____을/를 가지고 약국으로 가세요.

   나: 알겠습니다.

3) 가: 처방전을 드릴까요?

   나: 아니요, 괜찮아요.

   가: 그럼 _____입니다. 처방전이 필요하면 500원만 내세요.

3 그림을 보고 말해 보십시오.

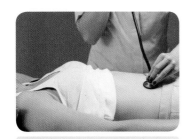

배가 아프다 /
내과 진료를 받다

허리가 아프다 /
물리 치료를 받다

어깨가 아프다 /
한방 진료를 받다

> 보기　가: 보건소에서 진료를 받았어요?
>
> 　　　나: 네, 배가 아파서 내과 진료를 받았어요.

4 대화를 완성하십시오.

독감	예방 주사	침	건강 검진

1) 가: 그동안 수업에 왜 안 왔어요?

　　나: <u>독감</u>에 걸려서 많이 아팠어요.

2) 가: 갑자기 집안일을 많이 해서 어깨가 아파요.

　　나: 그럼 한방 진료를 받으세요. ＿＿＿＿＿＿＿＿＿을/를 맞으면 좋을 것 같아요.

3) 가: 보건소에서 ＿＿＿＿＿＿＿＿＿을/를 받을 수 있어요?

　　나: 물론이지요.

4) 가: 날씨가 춥네요. 독감 ＿＿＿＿＿＿＿＿＿을/를 맞았어요?

　　나: 네, 지난주에 맞았어요.

연습1 대화를 완성하십시오.

가져가다	받다	가다	떠들다	일찍 일어나다

1) 가: 아기 예방 접종을 해야 돼요.

   나: 그러면 보건소에 <u>가도록 하세요</u>.

2) 가: 허리가 아파요.

   나: 그러면 물리 치료를 _____.

3) 가: 오후에 비가 올 것 같아요.

   나: 그러면 우산을 _____.

4) 가: 지각하면 안 돼요. _____.

   나: 네, 늦지 않고 일찍 올게요.

5) 가: 수업 시간에 옆 사람과 _____. 선생님 말씀을 잘 들으세요.

   나: 알겠습니다.

연습2 고민이 있는 친구에게 조언해 주십시오.

	고민	조언
보기	한국어를 잘하다	한국 사람과 자주 이야기하다
1)	운전을 배우다	운전면허 학원에 다니다
2)	살을 빼다	줄넘기를 하다
3)	담배를 끊다	보건소 금연 클리닉에 가다

보기

한국어를 잘하고 싶어요.

한국 사람과 자주 이야기하도록 하세요.

연습 1 다음 표를 완성하십시오.

–면 안 되다		–으면 안 되다	
자다	자면 안 되다	앉다	앉으면 안 되다
나가다		늦다	
수영하다		*줍다	
떠들다		*듣다	

연습 2 무엇을 하면 안 됩니까? 그림을 보고 말해 보십시오.

> 담배를 피우다   사진을 찍다   애완동물을 키우다   쓰레기를 버리다

1)

가: 여기서 담배를 피워도 돼요?

나: 아니요, _____.

2)

가: 여기에 _____.

나: 미안합니다. 휴지통에 버릴게요.

3)

가: 사진을 찍어도 돼요?

나: 아니요, _____.

4)

가: 기숙사에서 _____.

나: 네, 알겠습니다.

연습 1 다음 표를 완성하십시오.

–ㄹ 때		–을 때	
가다	갈 때	먹다	먹을 때
공부하다		*춥다	
*만들다		*듣다	

연습 2 언제 사용합니까? 이야기해 보십시오.

1)
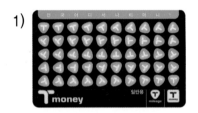
〈교통 카드 / 버스를 타다〉

2)
〈운전면허증 / 운전하다〉

3)

〈외국인 등록증/
보건소에 가서 진료를 받다〉

보기 가: 교통 카드는 언제 필요해요?

나: 버스를 탈 때 필요해요.

연습 3 이럴 땐 어떻게 합니까? 문장을 완성하십시오.

기분이 좋을 때 뭘 해요?

1)

기분이 좋을 때 음악을
들으면서 춤을 춰요.

음악을 들으면서 춤을 춘다

2)
노래를 하다

스트레스를 받았을 때 어떻게 해요?

3)

친구와 술을 마시다

4)

백화점에서 쇼핑하다

1 다음을 읽고 질문에 답하십시오.

> 보건소에 가면 여러 서비스를 받을 수 있어요. 제 남편은 '금연 클리닉'에 가서 상담을 받고 담배를 끊었어요.
>
> 그리고 임신하면 엽산과 철분제를 무료로 받을 수 있어요. 아기를 낳은 후에는 영양제도 무료로 줘요. 임신 전·후 검사도 무료예요. 임신 34주가 지나면 산후 도우미도 신청할 수 있어요.

1) 보건소에서 무료인 것을 <u>모두</u> 고르십시오.

① 진료　　　　　　　　　② 산후 도우미

③ 엽산, 철분제　　　　　④ 임신 전 · 후 검사

2) 맞는 것을 고르십시오.

① 저는 임신했습니다.

② 보건소에서 진료만 합니다.

③ 남편은 이제 담배를 안 피웁니다.

④ 저는 산후 도우미를 도와줬습니다.

2 여러분은 보건소에 가서 무엇을 했습니까? 써 봅시다.

☐ 서비스　　☐ 상담을 받다　　☐ 임신하다　　☐ 엽산　　☐ 철분제　　☐ 낳다
☐ 영양제　　☐ 검사　　☐ 지나다　　☐ 산후 도우미

14 남이섬에 놀러 갈래?

1 휴가에 어디에 가고 싶습니까? 어디가 좋을지 고르십시오.

춘천
유명한 음식
막국수, 닭갈비
유명한 장소
남이섬

경주
유명한 음식
경주 황남빵
유명한 장소
첨성대, 불국사

전주
유명한 음식
전주비빔밥
유명한 장소
한옥 마을

부산
유명한 음식
회, 어묵
유명한 장소
해운대, 자갈치시장

제주도
유명한 음식
흑돼지 삼겹살
유명한 장소
한라산, 올레길

1) 한옥 마을에서 한복을 입고 사진을 찍고 싶어요.
   맛있는 비빔밥도 먹고 싶어요.   전주

2) 서울에서 가까우면 좋겠어요.
   닭갈비도 먹고 드라마를 찍은 남이섬도 가고 싶어요.

3) 저는 역사에 관심이 많아요.
   역사적인 장소에 가고 싶어요.

4) 저는 산도 좋아하고 바다도 좋아해요.
   아름다운 경치를 보면서 걷고 싶어요.

5) 저는 바다를 보면서 회를 먹고 싶어요.
   기차 여행도 하고 싶어요.

2 다음은 제주도에서 할 수 있는 체험입니다. 하고 싶은 것을 골라 자신의 여행 코스를 만드십시오.

말을 타다

유람선을 타다

스킨스쿠버다이빙을 하다

올레길을 걷다

한라산을 등산하다

바다에서 수영하다

〈나의 여행 코스〉

제주 공항 ➡ ⬚ ➡ ⬚ ➡ ⬚ ➡ ⬚

3 계절에 따라 유명한 관광지에는 무엇이 있습니까? 연결해 보십시오.

1) 봄 •		• 강원도에 가서 눈을 구경해요.
2) 여름 •		• 부산에 가서 바다에서 수영을 해요.
3) 가을 •		• 설악산에 가서 단풍을 구경해요.
4) 겨울 •		• 제주도에 가서 유채꽃을 구경해요.

연습 1 다음 표를 완성하십시오.

	평서문	의문문	청유문	명령문
가다	가	가?	가	가
	간다	가니?	가자	가라
먹다				
바쁘다	바빠	바빠?		
	바쁘다	바쁘니?		
좋다				
(책)이다	(책)이다			
(사과)이다	(사과)이다			

연습 2 다음을 반말로 바꾸십시오.

높임말	반말
안녕하세요?	안녕?
안녕히 가세요.	
고맙습니다.	
미안합니다.	
안녕히 주무세요.	
친구는 회사원이에요.	
주말에 등산 갑시다.	
점심 같이 드실래요?	
네.	
연락드릴게요.	
이게 뭐예요?	
파티에 꼭 와 주세요.	
내일 봬요.	

🔍 **돋보기**

- 네. → 응.
- 아니요. → 아니.
- 아니에요. → 아니야.
- 나레카 씨 → 나레카야
- 석훈 씨 → 석훈아
- 드세요. → 먹어.
- 안녕히 가세요. → 잘 가.
- 안녕히 주무세요. → 잘 자.

연습 1 다음 표를 완성하십시오.

-ㄴ 적이 있다/없다		-은 적이 있다/없다	
마시다	마신 적이 있다 마신 적이 없다	먹다	먹은 적이 있다 먹은 적이 없다
만나다		읽다	
일하다		*듣다	
*만들다		*돕다	

연습 2 대화를 완성하십시오.

가다	읽다	돕다	만나다

보기　가: 베트남에 <u>간</u> 적이 있어요?

　　　나: 네, 작년에 아내하고 베트남에 가 봤어요.

1) 가: 마트에서 우연히 친구를 _____?

　　나: 네, 어제 마트에서 친구랑 친구 가족을 만났어요.

2) 가: 불우 이웃을 _____?

　　나: 네, 작년 연말에 불우 이웃 돕기 봉사를 했어요.

3) 가: 한국 소설을 _____?

　　나: 네, 조금 어려웠지만 재미있었어요.

4) 가: 다문화 축제에 _____?

　　나: 네, 세계인의 날에 다문화 축제에 가 봤어요. 정말 재미있었어요.

연습 1 다음 표를 완성하십시오.

	-ㄹ래요?		-을래요
가다	갈래요?	먹다	먹을래요
사다		읽다	
쉬다		앉다	
만나다		*돕다	
*만들다		*걷다	

연습 2 그림을 보고 대화를 완성하십시오.

보기

가: 이번 주말에 시장에 같이 <u>갈래요</u>?

나: 네, 좋아요. 같이 가요.

1)

가: 무슨 영화를 _____?

나: 저는 액션 영화를 보고 싶어요.

2)

가: 내일 백화점 앞에서 _____?

나: 좋아요. 백화점 앞에서 만나요.

3)

가: 나레카 씨, 뭐 마시고 싶어요?

나: 저는 _____. 에디 씨는요?

1 다음은 나레카 씨가 자가 씨에게 보내는 답장입니다. 편지를 읽고 반말로 바꾸십시오.

그리운 자가 씨에게

자가 씨,

편지 잘 받았어요. 고마워요.

저도 고향에서 잘 지내고 있어요.

오랜만에 가족들과 좋은 시간을 보냈어요.

그리고 친구들도 많이 만났어요.

고향의 날씨는 아직 더워요.

저도 설악산에 가서 단풍을 보고 싶었어요.

다음 달에 한국에 가면 꼭 같이 갑시다.

또 편지 써 주세요. 기다릴게요.

나레카

↓

그리운 자가에게

1) 자가야.

편지 잘 2) _____. 3) _____.

4) _____도 고향에서 잘 지내고 있어.

오랜만에 가족들과 좋은 시간을 5) _____.

그리고 친구들도 많이 6) _____.

고향의 날씨는 아직 더워.

나도 설악산에 가서 단풍을 보고 싶었어.

다음 달에 한국에 가면 꼭 같이 7) _____.

또 편지 써 8) _____. 9) _____.

나레카

☐ 그립다　　☐ 편지　　☐ 지내다　　☐ 오랜만　　☐ 설악산　　☐ 단풍

15 똑바로 가다가 오른쪽으로 가세요.

1 다음 그림에 맞는 단어를 쓰십시오.

| 동쪽 | 서쪽 | 남쪽 | 북쪽 | 왼쪽 | 오른쪽 |

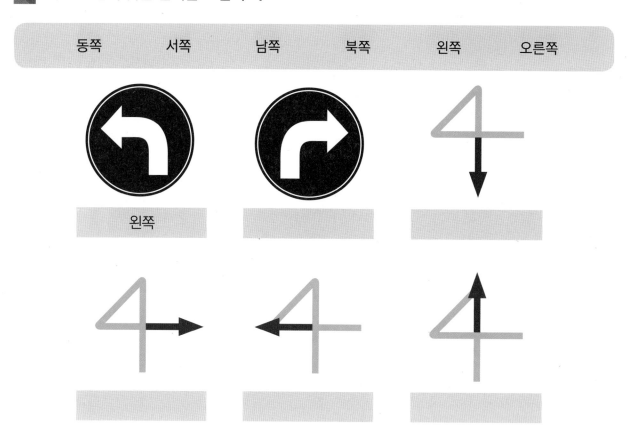

왼쪽

2 다음은 길에서 볼 수 있는 교통 표지판입니다. 무슨 뜻인지 쓰십시오.

| 좌회전하다
(왼쪽으로 가다) | 우회전하다
(오른쪽으로 가다) | 똑바로 가다
(직진하다) | 유턴하다 |

1)

좌회전하세요.

2)

3)

4)

3 다음 그림과 맞는 것을 연결하십시오.

1)

2)

3)

4)

5)

6)

7)

횡단보도

신호등

택시 정류장

지하철역 출구

사거리

육교

버스 정류장

연습 1 그림을 보고 대화를 완성하십시오.

오른쪽	이쪽	왼쪽	저쪽

1) 가: 어느 쪽으로 갈까요?

나: <u>오른쪽으로</u> 가 주세요.

2) 가: 우체국이 어디에 있어요?

나: _____ 가면 보여요.

3) 가: 어디 가요? 그쪽이 아니에요. _____ 오세요.

나: 알았어요. 잠깐만 기다리세요.

4) 가: 저는 어느 쪽에서 기다릴까요?

나: 여기는 자리가 없으니까 _____ 가서 기다리세요.

연습 2 다음 단어를 사용하여 대화를 완성하십시오.

3번 출구	2호선	기차역	고속버스 터미널

1) 가: 우리 어디에서 만날까요?

나: 혜화역에서 만나요. <u>3번 출구로</u> 오세요.

2) 가: 어서 오세요. 어디로 모실까요?

나: KTX를 타야 하는데요. _____ 가 주세요.

3) 가: 부산에 고속버스를 타고 갈까요? KTX를 타고 갈까요?

나: 고속버스표를 이미 샀으니까 _____ 가요.

4) 가: 친구와 약속이 있어서 신촌에 가야 해요. 몇 호선을 타야 해요?

나: 신촌은 2호선이니까 _____ 한 번 갈아타야 해요.

연습 1 다음 표를 완성하십시오.

-ㄴ지 알다/모르다		-은지 알다/모르다		-는지 알다/모르다	
크다	큰지 알다	작다	작은지 알다	가다	가는지 알다
	큰지 모르다		작은지 모르다		가는지 모르다
예쁘다		좋다		걸리다	
비싸다		짧다		맛있다	
*멀다		*무겁다		갈아타다	

연습 2 대화를 완성하십시오.

보기　가: 부산에 여행을 가고 싶어요. <u>얼마나 걸리는지 알아요?</u> (얼마나 걸리다)

　　　나: 2시간쯤 걸려요.

1) 가: 자가 씨, 제가 지난 수업에 못 왔는데요. _____?
　　　　　　　　　　　　　　　　　　　　　(언제 시험을 보다)

　　나: 다음 주 수요일이에요. 열심히 공부하세요.

2) 가: 가: 다음 주에 면접이 있어서 양복을 입어야 해요. 양복을 _____?
　　　　　　　　　　　　　　　　　　　　　　　　　　(어디에서 사면 싸다)

　　나: 지금 서울백화점에서 세일을 하고 있어요. 한번 가 보세요.

3) 가: 미나 씨 생일 선물을 사려고 해요. 미나 씨가 _____?
　　　　　　　　　　　　　　　　　　　　　　　(무엇을 좋아하다)

　　나: 미나 씨는 책 읽는 것을 좋아해요. 책을 선물해 보세요.

4) 가: 저, 죄송한데요. 이 근처에 _____?
　　　　　　　　　　　　　　　　　(은행이 어디에 있다)

　　나: 여기에서 똑바로 가세요. 그리고 왼쪽으로 가면 있어요.

연습 1 그림을 보고 쓰십시오.

> 보기
>
> 가: 병원이 어디에 있어요?
>
> 나: 똑바로 가다가 왼쪽으로 가세요.
>
> 그러면 오른쪽에 있을 거예요.

1)

가: 은행이 어디에 있어요?

나: _____.

2)
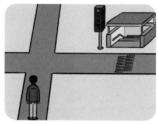

가: 지하철역이 어디에 있어요?

나: _____.

3)
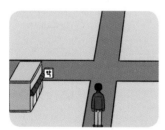

가: 약국이 어디에 있어요?

나: _____.

4)

가: 버스 정류장이 어디에 있어요?

나: _____.

연습 2 대화를 완성하십시오.

올라가다	다니다	살다

1) 가: 어제 등산은 잘 했어요?

　　나: 아니요, 다리가 너무 아파서 _____ 중간에 내려왔어요.

2) 가: 지금도 그 집에 살아요?

　　나: 아니요, 지난달까지 거기 _____ 지금은 아이 학교 근처로 이사했어요.

3) 가: 자가 씨는 한국에 오기 전에 무슨 일을 했어요?

　　나: 저는 대학교 3학년을 _____ 한국에 왔어요.

1 다음 이메일을 읽고 이 사람의 집이 어디인지 찾으십시오.

2 여러분의 집에 친구들을 초대하려고 합니다. 먼저 약도를 그리고 친구에게 약도의 내용을 설명하는 글을 써 봅시다.

〈약도〉

16 이제 한국 사람이 다 됐네요.

1 무엇을 합니까? 표현을 골라 쓰십시오.

식사를 준비하다	설거지(를) 하다	청소기를 돌리다	걸레질(을) 하다
빨래를 하다	빨래를 널다	빨래를 개다	다림질(을) 하다
출근하다	퇴근하다	아이를 데려다주다	아이를 데려오다

식사를 준비하다

출근하다

퇴근하다

다문화가정과 함께하는 정확한 한국어 초급 2

2 여러분이 배운 단어를 사용하여 자세히 이야기하십시오.

| 많다 – 적다 | 깨끗하다 – 지저분하다 | 길다 – 짧다 | 뜨겁다 – 차다 |
| 크다 – 작다 | 두껍다 – 얇다 | 높다 – 낮다 | 무겁다 – 가볍다 |

1)

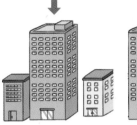 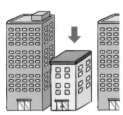

2)

3)

4)

5)

6)

7)

8)

연습 1 다음 일들을 언제 했습니까? 대화를 완성하십시오.

> **보기**   저녁 식사하다   +   영화를 보다
>
> 가: 언제 저녁 식사했어요?
>
> 나: <u>영화를 보기 전에 했어요.</u>

1)   장을 보다   +   집에 오다

   가: 언제 장을 봤어요?

   나: _____ .

2)   아이를 어린이집에 데려다주다   +   출근하다

   가: 언제 아이를 어린이집에 데려다줬어요?

   나: _____ .

3)   아이를 데려오다   +   밥을 먹다

   가: 언제 아이를 데려왔어요?

   나: _____ .

연습 2 아내와 남편이 부탁을 합니다. 대화를 완성하십시오.

> **보기**   가: 여보, 집에 오기 전에 아이를 데려와 주세요.
>
> 나: 네, 그럴게요.

1)

   가: 여보, _____ .

   나: 네, 알았어요.

2)
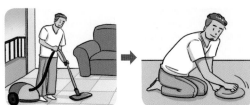

   가: 여보, _____ .

   나: 네, 알았어요.

연습 1 옛날과 지금은 어떤 변화가 있었습니까? 쓰십시오.

> **보기**
> | 김치를 못 먹다 | ➡ | 김치를 먹다 |
>
> 가: 김치 좋아해요?
> 나: 네, 옛날에는 김치를 못 먹었는데 이제는 잘 먹게 됐어요.

1) | 한국 요리를 못하다 | ➡ | 한국 요리를 잘 하다 |

   가: 한국 요리 할 수 있어요?

   나: 네, _____.

2) | 한국말을 못 알아듣다 | ➡ | 한국말을 잘 알아듣다 |

   가: 한국말을 다 알아들을 수 있어요?

   나: 네, _____.

3) | 한국 문화를 잘 이해하지 못하다 | ➡ | 한국 문화를 좀 이해하다 |

   가: 한국 생활에 좀 적응했어요?

   나: 네, _____.

연습 2 엔젤 씨는 한국어를 배운 후 무엇을 할 수 있게 되었습니까? 이야기해 보십시오.

> **보기**
>
>
> 혼자서 쇼핑할 수 있게 됐어요.

1)

   _____.

2)

   _____.

연습 1 다음 표를 완성하십시오.

-아지다		-어지다		해지다	
작다		길다		친절하다	
많다		넓다		조용하다	
좁다		*크다		깨끗하다	
*아프다		*더럽다		복잡하다	
*고프다		*시끄럽다		건강하다	
*바쁘다		*가깝다		지저분하다	

연습 2 다음 그림을 보고 10년 전과 달라진 점을 쓰십시오.

10년 전

지금

> **보기** 동네: 10년 전에는 동네가 조용했는데 이제는 시끄러워졌어요.

1) 사람: _____.

2) 차: _____.

3) 공기: _____.

4) 도로: _____.

5) 건물: _____.

6) 나무: _____.

1 나트 씨는 요즘 한국 생활이 어떻습니까? 잘 읽고 질문에 답하십시오.

저는 지금 한국에서 살고 있어요. 한국인 남편과 결혼한 후에 한국에서 살게 됐어요. 처음 한국에 왔을 때 저는 한국 문화도 잘 모르고 한국어도 못해서 너무 힘들었어요. 하지만 다문화가족지원센터에서 한국어를 배운 후부터 한국어도 할 수 있게 되고, 여러 나라 친구들도 많이 사귀게 되었어요. 우리는 시간이 있을 때마다 같이 밥을 먹고 이야기도 많이 해요. 그리고 한국 친구들도 많아져서 이제는 한국 사람과 한국 문화도 많이 이해하게 되었어요. 그래서 한국은 이제 저의 두 번째 고향이 되었어요.

1) 다음 중 맞는 것은 무엇입니까?

① 나트 씨의 고향은 한국입니다.

② 나트 씨는 지금 한국에서 살지 않습니다.

③ 나트 씨는 한국에 왔을 때 한국어를 할 수 없었습니다.

④ 나트 씨는 수업 후에 한국 친구들과 같이 밥을 먹고 이야기를 합니다.

2) 나트 씨는 다문화가족지원센터에 다닌 이후 어떤 변화가 있었습니까? 쓰십시오.

_____ .

2 여러분은 한국에 온 후에 어떤 변화가 있었습니까? 어떤 변화가 있었는지 어떻게 적응하게 되었는지 써 봅시다.

☐ 두 번째　　☐ 이해하다　　☐ 이야기　　☐ 변화

보충·복습 듣기 (9~16과)

※ [1~5] 다음을 듣고 〈보기〉와 같이 대화 내용과 같은 것을 고르십시오. Track 06 🎧

───── 〈보 기〉 ─────

남자: 요즘 한국어를 공부해요?

여자: 네. 한국 친구한테서 한국어를 배워요.

① 남자는 학생입니다.　　　　② 여자는 학교에 다닙니다.

③ 남자는 한국어를 가르칩니다.　❹ 여자는 한국어를 공부합니다.

---

1. ① 여자는 가족들을 봐서 기쁩니다.　　② 남자는 연휴에 고향에 가려고 합니다.
　 ③ 남자는 얼마 전에 가족을 만났습니다.　④ 여자는 가족을 만난 지 오래되었습니다.

2. ① 남자는 디자이너입니다.　　　　　② 여자는 새 코트를 입었습니다.
　 ③ 남자는 코트를 사고 싶습니다.　　④ 여자는 코트 디자인이 마음에 듭니다.

3. ① 남자는 필리핀에서 송금합니다.　　　② 여자는 필리핀에서 송금을 받았습니다.
　 ③ 남자는 은행에서 100만 원을 찾았습니다.　④ 여자는 필리핀으로 돈을 보내려고 합니다.

4. ① 여자는 파마를 할 것입니다.　　　② 남자는 짧은 커트가 어울립니다.
　 ③ 여자는 짧은 커트를 할 것입니다.　④ 남자는 미용실에 머리를 하러 왔습니다.

5. ① 여자는 보건소에 갔습니다.　　　② 남자는 보건소에 가려고 합니다.
　 ③ 여자는 외국인 등록증이 없습니다.　④ 남자는 독감 예방 주사를 맞았습니다.

6. ① 여자는 여행 안내서 보는 것을 좋아합니다.
   ② 남자는 드라마에서 남이섬을 보고 싶습니다.
   ③ 남자와 여자는 이번 토요일에 함께 여행을 가려고 합니다.
   ④ 남자와 여자는 이번 토요일에 함께 드라마를 보려고 합니다.

7. ① 남자는 내일 여자를 초대하고 싶습니다.
   ② 여자는 내일 돌잔치에 혼자 가려고 합니다.
   ③ 여자와 남자는 내일 만나서 같이 가려고 합니다.
   ④ 여자와 남자는 내일 돌잔치를 함께 준비하고 싶습니다.

8. ① 여자는 한국어 공부가 어려워서 쉬고 싶습니다.
   ② 여자는 아이와 함께 한국어를 공부해서 좋습니다.
   ③ 여자는 한국어 공부를 다시 시작하게 되어서 좋습니다.
   ④ 여자는 아이가 유치원에 들어가고 나서 더 바빠졌습니다.

9. ① 남자는 아내의 한복을 사 주려고 합니다.
   ② 여자는 아버지의 생신 선물을 사고 싶습니다.
   ③ 여자와 남자는 같이 한복을 입는 것이 좋습니다.
   ④ 여자와 남자는 같이 한복을 사러 가려고 합니다.

※ [10~11] 다음을 듣고 물음에 답하십시오. Track 08 🎧

10. 여자가 왜 이 이야기를 하고 있는지 고르십시오.

　　① 직원들의 업무 시간을 확인하려고
　　② 직원들을 위한 미용실을 알려 주려고
　　③ 머리를 멋있게 자르는 법을 알려 주려고
　　④ 회사 앞에 새로 생긴 미용실을 알려 주려고

11. 들은 내용과 같은 것을 고르십시오.

　　① 커트 요금은 5,000원입니다.
　　② 이 미용실은 여성을 위한 곳입니다.
　　③ 이 미용실에서는 파마를 할 수 없습니다.
　　④ 이 미용실은 점심시간에 이용할 수 없습니다.

※ [12~13] 다음을 듣고 물음에 답하십시오. Track 09 🎧

12. 두 사람이 무엇에 대해 이야기를 하고 있는지 고르십시오.

　　① 환불
　　② 색깔 교환
　　③ 디자인 교환
　　④ 사이즈 교환

13. 들은 내용과 같은 것을 고르십시오.

　　① 남자는 어제 구두를 샀습니다.
　　② 남자는 더 큰 구두를 찾고 있습니다.
　　③ 남자는 인터넷으로 구두를 샀습니다.
　　④ 구두 가게에는 남자가 산 것보다 더 큰 것이 없습니다.

※ [14~15] 다음을 듣고 물음에 답하십시오. Track 10 🎧

14. 남자의 계획으로 맞는 것을 고르십시오.

　　① 여자와 함께 제주도 여행을 갑니다.
　　② 제주도의 유명한 곳을 친구들에게 알립니다.
　　③ 제주도에서 올레길을 걸은 후에 흑돼지를 먹습니다.
　　④ 제주도에서 흑돼지를 먼저 먹고 올레길을 걷습니다.

15. 들은 내용과 같은 것을 고르십시오.

　　① 남자는 지난달에 제주도에 갔다 왔습니다.
　　② 여자는 흑돼지를 별로 좋아하지 않습니다.
　　③ 여자는 제주도에 대해서 잘 알고 있습니다.
　　④ 남자는 여자에게 제주도에 대해 알려 줍니다.

보충·복습 읽기 (9~16과)

※ [1~2] 다음을 읽고 물음에 답하십시오.

> 저는 인도 사람 알리입니다. 지금 인도에 있는 한국 회사에 다니고 있습니다. 저는 내년부터 한국에서 일을 하게 되었습니다. 하지만 한국 생활을 잘 몰라서 여러분의 도움이 (㉠). 제 가족은 모두 3명이고 저와 아내, 유치원생 아들이 하나 있습니다.

1. ㉠에 들어갈 알맞은 말을 고르십시오.

   ① 많습니다   ② 있습니다   ③ 부탁합니다   ④ 필요합니다

2. 이 글의 내용과 같은 것을 고르십시오.

   ① 알리의 가족은 네 명입니다.   ② 알리는 내년에 한국에 옵니다.
   ③ 알리는 한국 생활에 대해 잘 압니다.   ④ 알리의 아들은 초등학교에 다닙니다.

※ [3~4] 다음을 읽고 물음에 답하십시오.

> 하나마트의 교환·환불 규정을 알려 드립니다. 교환이나 환불은 한 달 안에만 가능합니다. 한 번 이상 사용한 물건은 교환이나 환불이 안 됩니다. 교환이나 환불을 할 때 영수증이 꼭 있어야 합니다. 단, 사이즈 교환은 영수증이 없어도 (㉠).

3. ㉠에 들어갈 알맞은 말을 고르십시오.

   ① 가능합니다   ② 가능할 겁니다
   ③ 가능해 보입니다   ④ 가능하지 않습니다

4. 이 글의 내용과 같은 것을 고르십시오.

① 이 글은 마트의 안내문입니다.
② 영수증이 없어도 환불할 수 있습니다.
③ 한 번 사용한 물건도 교환할 수 있습니다.
④ 산 지 두 달이 된 것도 다른 것으로 교환할 수 있습니다.

※ [5~6] 다음을 순서대로 맞게 나열한 것을 고르십시오.

5.

> (가) 원을 달러로 환전했습니다.
>
> (나) 차례가 되어서 창구로 갔습니다.
>
> (다) 은행 직원에게 환전할 금액을 말했습니다.
>
> (라) 대기 번호를 누르고 대기표를 뽑았습니다.

① (라)-(나)-(다)-(가)　　② (나)-(다)-(라)-(가)
③ (라)-(다)-(나)-(가)　　④ (나)-(라)-(다)-(가)

6.

> (가) 손님이 거울을 보고 마음에 들어 했습니다.
>
> (나) 미용사가 손님에게 좋아하는 머리 모양을 물었습니다.
>
> (다) 미용사가 손님에게 어울리는 머리 모양으로 잘랐습니다.
>
> (라) 손님이 좋아하는 머리 모양을 미용사에게 사진으로 보여 주었습니다.

① (다)-(가)-(나)-(라)　　② (나)-(다)-(가)-(라)
③ (다)-(나)-(가)-(라)　　④ (나)-(라)-(다)-(가)

> 감기에 걸려서 병원에 갔습니다. (㉠) 접수처에 가서 접수 신청을 하고 기다렸습니다. (㉡) 진료 후 처방전을 받았습니다. (㉢) 약국에 가서 처방전을 주고 약을 받았습니다. (㉣)

7. 다음 문장이 들어갈 곳을 고르십시오.

> 의사 선생님의 진료를 받았습니다.

① ㉠   ② ㉡   ③ ㉢   ④ ㉣

8. 이 글의 내용과 같은 것을 고르십시오.

① 건강 검진을 받았습니다.   ② 감기약을 먹어야 합니다.

③ 열이 나서 진료를 받았습니다.   ④ 환자가 많아서 진료를 받지 못했습니다.

※ [9~10] 다음을 읽고 물음에 답하십시오.

제목	사진 고마워요.
보낸 사람	jaga@korean.com
받는 사람	nrk@korean.com

보고 싶은 자가 씨에게

자가 씨, 이메일과 사진 잘 받았어요. 제주도 경치가 정말 아름답네요. 저도 같이 (㉠) 못 가서 아쉬워요.

저는 고향에서 잘 지내고 있어요. 오랜만에 가족들과 좋은 시간을 보냈어요. 고향 음식도 많이 먹고 친구들도 만났어요.

요즘 한국 날씨가 춥지요? 감기에 걸리지 않게 조심하세요. 한국에 돌아가면 연락할게요.

나레카

9. ㉠에 들어갈 알맞은 말을 고르십시오.

① 가고 싶었고   ② 가고 싶으니까

③ 가고 싶었는데   ④ 가고 싶기 때문에

10. 이 글의 내용과 같은 것을 고르십시오.

    ① 자가는 지금 고향에 있습니다.

    ② 나레카는 한국에 돌아올 겁니다.

    ③ 나레카는 자가에게 사진을 보냈습니다.

    ④ 나레카와 자가는 함께 제주도에 갔습니다.

※ [11~12] 다음을 읽고 물음에 답하십시오.

> 우리 집에 오려면 나라초등학교 앞에서 590번 버스를 타세요. 그리고 한국마트 앞에서 내리세요. 정류장에서 똑바로 걸어가다가 안경 가게 앞에서 왼쪽으로 가세요. 3분 정도 걸어가면 흰색 7층 건물이 보일 거예요. 그 건물 3층이 우리 집이에요. 우리 집에 다 와 가면 전화해 주세요.

11. 왜 이 글을 썼는지 맞는 것을 고르십시오.

    ① 집을 구하려고   ② 길을 물어보려고

    ③ 길을 알려 주려고   ④ 안경 가게를 찾으려고

12. 이 글의 내용과 같은 것을 고르십시오.

    ① 우리 집은 사 층에 있습니다.

    ② 한국마트 바로 옆에 안경 가게가 있습니다.

    ③ 우리 집은 안경 가게에서 3분 정도 걸립니다.

    ④ 나라 초등학교 앞에서 버스를 탈 수 없습니다.

※ [13~14] 다음을 읽고 물음에 답하십시오.

> 다니엘 씨는 한국인 아내와 결혼한 후에 한국에서 살게 됐습니다. 처음에 한국에 왔을 때 다니엘 씨는 한국어를 전혀 모르고 한국 문화에도 익숙하지 않아서 힘들었습니다. 하지만 다문화가족지원센터에서 한국어를 배운 후부터 한국어를 읽고 쓰게 되었습니다. 한국 문화도 조금씩 (㉠) 되었습니다.

13. ㉠에 들어갈 알맞은 말을 고르십시오.

    ① 이해하게   ② 이해하면   ③ 이해해서   ④ 이해할 수

14. 이 글의 내용과 같은 것을 고르십시오.

① 다니엘 씨의 아내는 한국 사람입니다.
② 다니엘 씨는 지금도 한국어를 읽을 수 없습니다.
③ 다니엘 씨는 한국어를 배운 후에 한국에 왔습니다.
④ 다니엘 씨는 처음 한국에 왔을 때 힘든 점이 없었습니다.

※ [15~16] 다음을 읽고 물음에 답하십시오.

코리아스타 미용실에서 오픈 기념 이벤트를 실시합니다. 저희 미용실을 (㉠) 50% 할인 서비스를 제공합니다. 그리고 여행용 샴푸를 선물로 드립니다. 오픈 기념 이벤트는 7월 1일부터 한 달 동안 진행합니다.

15. ㉠에 들어갈 알맞은 말을 고르십시오.

① 오랫동안 오신 고객님께
② 처음 방문하시는 고객님께
③ 1년 동안 찾아 주신 고객님께
④ 2개월 이상 방문하신 고객님께

16. 이 글의 내용과 같은 것을 고르십시오.

① 여행용 샴푸를 싸게 살 수 있습니다.
② 오픈 기념 이벤트는 9월에도 진행합니다.
③ 코리아스타 미용실은 새로 생긴 미용실입니다.
④ 8월 5일에 가면 파마를 50% 싸게 할 수 있습니다.

※ [17~18] 다음을 읽고 물음에 답하십시오.

보건소에 가면 여러 서비스를 받을 수 있습니다. 임신 전과 임신 후에 필요한 검사를 보건소에서 무료로 할 수 있습니다. 저는 임신 4개월인데 보건소에서 엽산과 철분제도 무료로 받았습니다. 임신 34주가 지나면 보건소에서 산후 도우미를 (㉠).

17. ㉠에 들어갈 알맞은 말을 고르십시오.

① 신청했습니다　　　　　② 신청하고 있습니다
③ 신청할 수 있습니다　　④ 신청하기 때문입니다

18. 이 글의 내용으로 알 수 있는 것을 고르십시오.

① 저는 엽산을 샀습니다.
② 저는 임신한 지 오 개월 되었습니다.
③ 보건소에는 무료 서비스가 없습니다.
④ 임신 전 검사를 무료로 받을 수 있습니다.

※ [19~20] 다음을 읽고 물음에 답하십시오.

　　　나라마다 이름의 특징이 있습니다. (㉠) 세 글자입니다. 첫 번째 글자는 '성'이고
그 뒤에 이름이 옵니다. 예를 들면 '최승호'라는 이름에서 '최'는 성이고 '승호'는
이름입니다. 많지는 않지만 '독고', '남궁'처럼 두 글자로 된 성도 있습니다. 한국에서
가장 많은 성은 '김, 이, 박'이고 대부분의 한국 사람들은 아버지의 성을 따릅니다.

19. ㉠에 들어갈 알맞은 말을 고르십시오.

① 다른 나라 사람의 이름은
② 모든 나라의 사람 이름은
③ 한국 사람의 이름은 모두
④ 한국 사람의 이름은 보통

20. 이 글의 내용으로 알 수 있는 것을 고르십시오.

① 나라마다 이름은 비슷합니다.
② 한국 사람은 대부분 어머니의 성을 따릅니다.
③ 한국 사람의 성 중에서 두 글자로 된 것도 있습니다.
④ 한국 사람의 이름에서 가장 마지막 글자가 '성'입니다.

1과 저는 나트라고 해요.

어휘

2

(생략)

3

1) 잘 먹겠습니다.

2) 잘 부탁드립니다. / 처음 뵙겠습니다.

3) 만나서 반갑습니다.

4) 안녕히 주무세요.

5) 안녕!

6) 안녕하세요.

7) 안녕히 계세요.

8) 안녕히 가세요.

9) 이따가 봐요.

4

1) 운동해요

2) 텔레비전을 봐요

3) 등산을 해요

4) 음악을 들어요

5) 일해요

6) 한국어를 공부해요

7) 집에서 쉬어요

8) 아이와 놀아요

9) 밥을 먹어요

10) 책을 읽어요

11) 음식을 만들어요

12) 쇼핑해요

문법 ❶

연습 1

1) 가: 안녕하세요? 김윤우입니다.

　　나: 네, 반갑습니다.

　　　　저는 이민지라고 합니다.

2) 가: 처음 뵙겠습니다. 마이클입니다.

　　나: 안녕하세요? 저는 줄리앙이라고 합니다.

3) 가: 저는 트엉이라고 합니다.

나: 저는 베미라고 합니다.

4) 가: 이름이 뭐예요?

　　나: 저는 자가라고 해요.

연습 2

1) 이 사람은 제 남편이에요. 다니엘이라고 해요.

2) 이 사람은 제 아내예요. 링링이라고 해요.

3) 이 사람은 제 고향 친구예요. 바트라고 해요.

문법 ❷

연습 1

1) 저는 사진(을) 찍는 것을 좋아해요.

2) 저는 요리(를) 하는 것을 좋아하지 않아요.

3) 제 남편은 드라마(를) 보는 것을 좋아해요.

4) 자가 씨는 음악(을) 듣는 것을 좋아하지 않아요.

연습 2

1) 가: 영화(를) 보는 것을 좋아해요?

　　나: 네, 영화(를) 보는 것을 좋아해요. /

　　　　아니요, 영화(를) 보는 것을 안 좋아해요.

2) 가: 외국어(를) 배우는 것을 좋아해요?

　　나: 네, 외국어(를) 배우는 것을 좋아해요. /

　　　　아니요, 외국어(를) 배우는 것을 안 좋아해요.

3) 가: 책(을) 읽는 것을 좋아해요?

　　나: 네, 책(을) 읽는 것을 좋아해요. /

　　　　아니요, 책(을) 읽는 것을 안 좋아해요.

4) 가: 음식(을) 만드는 것을 좋아해요?

　　나: 네, 음식(을) 만드는 것을 좋아해요. /

　　　　아니요, 음식(을) 만드는 것을 안 좋아해요.

문법 ❸

연습 1

	-려고		-으려고
가다	가려고	읽다	읽으려고
보내다	보내려고	먹다	먹으려고
사다	사려고	*돕다	도우려고
*만들다	만들려고	*듣다	들으려고
*살다	살려고	*걷다	걸으려고

연습 2

2) 선물을 보내려고 우체국에 가요.

3) 고향에 가려고 비행기표를 샀어요.

4) 숙제를 물어보려고 전화했어요.

5) 설에 가족들과 먹으려고 장을 많이 봤어요.

읽고 쓰기

1) ① ○
   ② ×
   ③ ○

2) 한국 요리를 배우려고 한국에 왔습니다.

3) 요리하는 것을 아주 좋아합니다.

2과   요가를 한번 배워 보세요.

어휘

1

1) 흐엉입니다.

2) 새벽 수영 교실입니다.

3) 6시에 시작합니다.

4) 2018년 3월 1일부터 2018년 5월 31일까지 수강
   합니다.

5) 60,000원을 내야 합니다.

6) 김수영 강사가 가르칩니다.

3

1) 이번 달 수영 강좌를 신청했지만 시간이 없어서
   다음 달로 연기했어요.

2) 이 강좌는 센터에 가서 신청하면/신청해야 됩니다.

3) 죄송하지만 수영 수강료를 환불해 주세요. 다리를
   다쳐서 수영을 할 수 없어요.

문법 ❶

연습 1

	−아 보세요		−어 보세요
가다	가 보세요	먹다	먹어 보세요
앉다	앉아 보세요	마시다	마셔 보세요
오다	와 보세요	*듣다	들어 보세요
알다	알아 보세요	*쓰다	써 보세요

해 보세요	
전화하다	전화해 보세요
운동하다	운동해 보세요
공부하다	공부해 보세요
구경하다	구경해 보세요

연습 2

전주는 비빔밥이 유명해요. 비빔밥을 꼭 한번 먹어 보세요.

전주에 가면 한옥 마을에 가 보세요. 한옥 마을에서 한복을 빌릴 수 있어요. 거기에서 한복을 빌려서 입어 보세요. 한복이 아주 아름다워요. 그리고 한복을 입고 사진을 찍어 보세요. 또 마이산에서 등산해 보세요. 마이산에는 돌탑이 많이 있어요. 돌탑에서 소원을 빌어 보세요. 그리고 보성에 있는 차밭에 가서 차를 마셔 보세요. 차가 아주 맛있어요.

문법 ❷

연습 1

1) 운동하고 나서 샤워를 해요.

2) 요리하고 나서 밥을 먹어요.

3) 점심을 먹고 나서 커피를 마셔요.

연습 2

1) 가: 언제 드라마를 봐요?
   나: 숙제를 하고 나서 봐요.

2) 가: 언제 친구를 만났어요?
   나: 시험이 끝나고 나서 만났어요.

3) 가: 언제 외출할 거예요?
   나: 집안일을 마치고 나서 외출할 거예요.

문법 ❸

연습 1

	−면 되다		−으면 되다
가다	가면 되다	먹다	먹으면 되다
사다	사면 되다	읽다	읽으면 되다
빌리다	빌리면 되다	*듣다	들으면 되다
*만들다	만들면 되다	*걷다	걸으면 되다

연습 2

1) 돈이 없으면 아르바이트를 하면 돼요.

2) 감기에 걸리면 감기약을 먹으면 돼요.

3) 날씨가 더우면 에어컨을 켜면 돼요.

연습 3

1) 가: 인천공항에 가려면 뭘 타야 돼요?

　나: 공항 리무진 버스를 타면 돼요.

2) 가: 한국어를 잘하고 싶으면 어떻게 해야 돼요?

　나: 한국어책을 많이 읽으면 돼요.

읽고 쓰기

1) ③ 막걸리 만들기 체험 교실

2) ① ○

　② ×

3과　여보세요? 나트 씨지요?

어휘

1

1) 전화를 걸다

2) 전화를 바꾸다

3) 전화를 끊다

4) 전화를 받다

2

1) 문자를 보내다

2) 사진을 저장하다

3) 사진을 보내다(전송하다)

4) 스팸 문자를 지우다

5) 국제 전화를 하다

3

1) 여보세요?

2) 네, 안녕히 계세요.

3) 아니요, 전화 잘못 거셨습니다.

4

1) 출석하다

2) 지각하다

3) 결근하다

4) 퇴근하다

5) 출근하다

6) 결석하다

문법 **①**

연습 1

−ㄴ데		−은데		−는데	
크다	큰데	좋다	좋은데	가다	가는데
예쁘다	예쁜데	작다	작은데	먹다	먹는데
빠르다	빠른데	짧다	짧은데	듣다	듣는데
느리다	느린데	*덥다	더운데	*살다	사는데

연습 2

1) 날씨가 좋은데 같이 산책할까요?

2) 요즘 (백화점에서) 세일을 하는데 수업 후에 쇼핑하러 갈까요?

3) 머리가 아픈데 혹시 두통약 있어요?

4) 이 집 삼계탕이 맛있는데 한번 드셔 보세요.

5) 이 문제가 어려운데 좀 가르쳐 주세요.

연습 3

1) 이 사람은 제 동생인데 참 귀여워요.

2) 제 아내 고향은 부산인데 부산은 바다가 아름다워요.

문법 **②**

연습 1

1) 생일이 언제지요?

2) 오늘이 무슨 요일이지요?

3) 약속 시간이 몇 시지요?

4) 저분이 우리 반 선생님이시지요?

연습 2

1) 가: 여러분, 가족을 사랑하지요?

　나: 네, 물론이죠.

2) 가: 어제 시험이 어려웠지요?

　나: 네, 생각보다 어려웠어요.

3) 가: 이번 주말에도 친구를 만날 거지요?

　나: 아니요, 시험이 있어서 안 만날 거예요.

연습 3

1) 화장실이 어디지요?

2) 시험이 언제지요?

3) 저 사람이 누구지요/○○ 씨지요?

문법 ❸

연습 1

-아/어 주다/드리다		-아/어 주다/드리다	
사다	사 주다 / 사 드리다	바꾸다	바꿔 주다 / 바꿔 드리다
찾다	찾아 주다 / 찾아 드리다	빌리다	빌려 주다 / 빌려 드리다
*돕다	도와주다 / 도와드리다	만들다	만들어 주다 / 만들어 드리다

해 주다/드리다	
청소하다	청소해 주다 / 청소해 드리다
포장하다	포장해 주다 / 포장해 드리다
설명하다	설명해 주다 / 설명해 드리다

연습 2

1) 문을 열어 줄까요?

　문을 열어 드릴까요?

2) 길을 가르쳐 줄까요?

　길을 가르쳐 드릴까요?

3) 불을 꺼 줄까요?

　불을 꺼 드릴까요?

연습 3

1) 가: 여러분, 다시 설명해 줄까요?

　나: 네, 선생님. 다시 설명해 주세요.

2) 가: 시간 있어요? 제가 저녁 사 드릴까요?

　나: 네, 같이 먹어요. 그런데 지난번에 사 주셨으
니까 오늘은 제가 살게요.

3) 가: 남은 음식을 포장해 드릴까요?

　나: 네, 포장해 주세요.

읽고 쓰기

1) ③ 친구들에게 좋은 정보를 주려고

2) ① ○

　② ×

어휘

1

셔츠 / 청바지 / 치마 / 카디건 / 잠옷
바지 / 와이셔츠 / 원피스 / 우비 / 가운
스웨터 / 반바지 / 블라우스 / 조끼 / 수영복
점퍼 / 브래지어 / 팬티 / 양복 / 코트
장화 / 양말 / 운동화 / 부츠
구두 / 스타킹 / 샌들 / 슬리퍼

문법 ❶

연습 1

	-ㄴ		-은
가다	간	먹다	먹은
쓰다	쓴	읽다	읽은
공부하다	공부한	앉다	앉은
부르다	부른	*듣다	들은
*만들다	만든	*줍다	주운

연습 2

1) 어제 먹은 생선회가 맛있었어요.

2) 어제 읽은 책이 재미있었어요.

3) 지난주에 만난 친구가 나트 씨였어요.

4) 작년에 태어난 아기가 2살이 되었어요.

5) 어제 부모님께 쓴 편지를 보냈어요.

문법 ❷

연습 1

	-는		-는
가다	가는	먹다	먹는
쓰다	쓰는	읽다	읽는
*알다	아는	줍다	줍는
*만들다	만드는	듣다	듣는
*팔다	파는	걷다	걷는

연습 2

1) 요즘 보는 드라마가 인기가 많아요.

2) 요즘 듣는 한국 가요가 고향에서 유명해요.

연습 3

1) 가: 지금 (마신 / <u>마시는</u>) 차가 한국 전통차예요.

　　나: 아, 맛있네요.

2) 가: 저기 까만색 옷을 (<u>입은</u> / 입는) 사람은
　　　누구예요?

　　나: 저하고 제일 친한 (<u>친구인</u> / 친구이는) 사라
　　　씨예요.

3) 가: 지금 (읽은 / <u>읽는</u>) 책이 뭐예요?

　　나: 요즘 (<u>인기 있은</u> / 인기 있는) 소설이에요.

4) 가: (좋아한 / <u>좋아하는</u>) 한국 음식이 뭐예요?

　　나: 다 좋아해요.

5) 가: 김치 (만든 / <u>만드는</u>) 게 어려워요?

　　나: 조금 어렵지만 배우면 만들 수 있어요.

문법 ❸

연습 1

-ㄹ까 하다		-을까 하다	
가다	갈까 하다	먹다	먹을까 하다
쓰다	쓸까 하다	읽다	읽을까 하다
공부하다	공부할까 하다	찾다	찾을까 하다
부르다	부를까 하다	*듣다	들을까 하다
*만들다	만들까 하다	*굽다	구울까 하다

연습 2

1) 가: 다음 주말에 뭐 할 거예요?

　　나: <u>다음 주가 시험이라서 한국어를 공부할까</u>
　　　<u>해요</u>.

2) 가: 내일 뭐 할 거예요?

　　나: <u>곧 친구 생일이어서 백화점에 갈까 해요</u>.

3) 가: 이번 주말에 뭐 할 거예요?

　　나: <u>너무 피곤해서 집에서 쉴까 해요</u>.

4) 가: 엔젤 씨, 이번 여름휴가에 뭐 할 거예요?

　　나: <u>시부모님을 오랫동안 못 봬서 시댁에 갈까</u>
　　　<u>해요</u>.

문법 ❹

연습 1

-겠-		-겠-	
가다	가겠습니다	먹다	먹겠습니다

만나다	만나겠습니다	알다	알겠습니다
공부하다	공부하겠습니다	만들다	만들겠습니다
요리하다	요리하겠습니다	돕다	돕겠습니다

연습 2

1) 나레카: 새해에는 한국어 공부를 더 열심히
　　　　하겠습니다.

2) 나트: 새해에는 <u>운동을 하겠습니다</u>.

3) 에디: 새해에는 <u>커피를 안 마시겠습니다</u>.

4) 자가: 새해에는 <u>고향에 부모님을 만나러</u>
　　　<u>가겠습니다</u>.

5) 엔젤: 새해에는 <u>가족 여행을 가겠습니다</u>.

6) (예시) 나: <u>새해에는 운전을 배우겠습니다</u>.

읽고 쓰기

㉠ 추석(음 8. 15.)

㉡ 어버이날(5. 8.)

㉢ 새해(음 1. 1.)

㉣ 생일

㉤ 크리스마스(12. 25.)

㉥ 생신

5과　옷 정리 좀 도와주세요.

어휘

1

청소를 하다 / <u>청소기를 돌리다</u> / 빗자루질(을) 하다 /
걸레질하다

손빨래를 하다 / 빨래를 개다 / 빨래를 널다 /
빨래를 걷다

다림질(을) 하다 / 쓰레기를 버리다 / 설거지(를) 하다
/ 분리수거(를) 하다

세탁기를 돌리다 / 건조기를 돌리다 / 장을 보다 /
택배를 받다

2

④ / ③ / ① / ⑤ / ⑥ / ②

3

빗자루 / 쓰레받기 / 먼지떨이 / 걸레
청소기 / 대걸레 / 고무장갑 / 쓰레기봉투

문법 ①

연습 1

1) 가: 어제 뭐 했어요?

　　나: 나트 씨가 책을 읽는 동안 저는 음악을
　　　　들었어요.

2) 가: 어제 차가 많이 막히지 않았어요?

　　나: 네, 그래서 남편이 운전하는 동안 제가 노래를
　　　　불러 줬어요.

3) 가: 자가 씨가 늦네요. 자가 씨를 기다리는 동안
　　　　우리 먼저 커피를 마실까요?

　　나: 네, 좋아요.

4) 가: 어제 너무 피곤해서 일찍 잤어요. 그런데 제가
　　　　자는 동안 남편이 설거지를 다 해 주었어요.

　　나: 아침에 기분이 좋았겠어요.

문법 ②

연습 1

	−ㄹ 테니까		−을 테니까
가다	갈 테니까	먹다	먹을 테니까
사다	살 테니까	찾다	찾을 테니까
만나다	만날 테니까	읽다	읽을 테니까
*만들다	만들 테니까	*듣다	들을 테니까

연습 2

1) 제가 빨래를 걷을 테니까 당신은 빨래를 개
　　주세요.

2) 제가 다림질할 테니까 당신은 빨래를 널어 주세요.

3) 제가 청소기를 돌릴 테니까 당신은 걸레질을 해
　　주세요.

4) 제가 아기를 볼 테니까 당신은 설거지해 주세요.

5) 제가 책을 정리할 테니까 당신은 쓰레기를 버려
　　주세요.

6) 제가 장을 볼 테니까 당신은 아이를 데리러 가
　　주세요.

문법 ③

연습 1

	나		이나
바다/산	바다나 산	산	산이나 바다

사과/수박	사과나 수박	수박	수박이나 사과

연습 2

1) 우유나 주스를 마셔요.

2) 태권도나 수영을 배우고 싶어요.

연습 3

1) 가: 우리 무슨 요일에 만날까요?

　　나: 글쎄요, 월요일이나 화요일이 어때요?

　　가: 저는 월요일이 좋아요.

2) 가: 우리 날씨도 좋은데 놀이공원이나 산에
　　　　갈까요?

　　나: 네, 좋아요. 놀이공원은 복잡하니까 근처
　　　　산에 가요.

3) 가: 저녁에 뭐 시켜 먹을까요?

　　나: 네, 피자나 치킨을 시켜 먹읍시다.

읽고 쓰기

1) 석훈 씨

2) 조금만 기다려 주세요, 기다리는 동안에 쌀을
　　씻어서 밥을 해 주세요.

6과　약속 때문에 저녁에 늦어요.

어휘

1

출근하다 / 회의하다 / 근무하다(일하다) /
점심식사하다 / 프레젠테이션을 하다 /
회식하다 / 야근을 하다 / 퇴근하다 / 출장을 가다

2

　저는 한국에 있는 무역 회사에서 근무합니다. 요즘
회사에 일이 아주 많습니다. 저희 회사의 출근 시간은
9시입니다. 하지만 일이 많아서 오늘은 8시 반에 1)
출근했습니다. 그리고 9시 30분부터 11시까지 2)회
의했습니다. 회의를 마친 후에 사무실에서 3)근무했
습니다. 12시는 점심시간이라서 회사 카페테리아에서
점심을 먹었습니다. 점심 시간 후에 2시간 반 동안 프
레젠테이션을 준비했습니다. 그리고 3시 반에 사장님
과 동료들 앞에서 4)프레젠테이션을 했습니다.

　저녁에는 동료들과 같이 회사 근처 식당에서 5)회식
했습니다. 저녁을 먹은 후에 저는 다시 회사에 갔습니

다. 그리고 밤 11시까지 6)야근을 했습니다. 내일 출장을 가야 해서 일이 많았습니다. 11시 20분쯤 7)퇴근했습니다.

내일도 아침에 일찍 일어나야 합니다. 왜냐하면 8시까지 케이티엑스(KTX)를 타고 포항으로 출장을 가야 합니다.

3

1) 가: 오늘 퇴근 시간이 몇 시예요?
나: 저녁 7시요. 7시 30분까지 집에 갈 거예요.

2) 가: 카페테리아(구내 식당) 식사가 어때요?
나: 싸고 맛있어요. 그리고 회사 안에서 먹으니까 편해요.

3) 가: 사무실에 텔레비전이 있어요?
나: 아니요, 없어요. 텔레비전은 회의실에 있어요.

4) 가: 이분은 누구예요?
나: 저하고 회사에서 같이 근무하는 동료예요.

문법 ①

연습 1

	ㅡㄹ		ㅡ을
가다	갈	먹다	먹을
배우다	배울	입다	입을
바쁘다	바쁠	*돕다	도울
*만들다	만들	*듣다	들을

연습 2

1) 내일 먹을 한국 음식이 빈대떡이에요.
2) 오늘 저녁에 할 일이 많아요.

연습 3

1) 가: 나레카 씨, 내일 저녁에 같이 영화 볼까요?
나: 미안해요. 내일 저녁에 할 일이 있어요.

2) 가: 원피스가 너무 잘 어울려요!
나: 이 원피스는 작년에 백화점에서 산 옷이에요.

3) 가: 내일 친구 결혼식에 갈 거지요?
나: 네, 그런데 아직 입을 옷하고 신을 구두를 준비하지 못했어요.

4) 가: 우리 이번 주말에 볼 영화가 뭐예요?
기대돼요.
나: '택시'예요.

5) 가: 요즘 보는 한국 드라마가 뭐예요?
나: '사랑'이에요. 아주 재미있어요.

6) 가: 무슨 한국 음식을 좋아해요?
나: 제가 좋아하는 음식은 물냉면이에요.

문법 ②

연습 1

	ㅡ면서		ㅡ으면서
마시다	마시면서	먹다	먹으면서
기다리다	기다리면서	읽다	읽으면서
일하다	일하면서	*돕다	도우면서
*만들다	만들면서	*듣다	들으면서

연습 2

1) 전화를 하면서 걸어요.
2) 샌드위치를 먹으면서 음악을 들어요.
3) 핸드폰을 하면서 걸어요.
4) 책을 읽으면서 쉬어요.

문법 ③

연습 1

1) 가: 요즘 에디 씨가 피곤한 것 같아요.
나: 네, 시험공부 때문에 잠이 부족해서요.

2) 가: 중국에 왜 가요?
나: 회사 출장 때문에 중국에 가야 해요.

3) 가: 이상한 냄새 때문에 머리가 아파요.
나: 그럼, 창문을 열까요?

4) 가: 왜 약을 먹어요?
나: 감기 때문에 약을 먹어요.

연습 2

1) 교통사고 때문에 길이 막혀서 약속에 늦었어요.
2) 이 옷은 가격이 비싸지만 디자인 때문에 인기가 더 많아요.
3) 내일은 비자 신청 때문에 출입국 관리 사무소에 가야 해요.
4) 학생이기 때문에 공부를 열심히 해야 해요.

읽고 쓰기

1) ③ 신입 사원 환영 회식 때문에

어휘

1

공지 / 회식 / 모임 / 일시 / 장소

2

2) 가: 수잔 씨, 오늘 저녁 식사 같이 할까요?

　 나: 미안해요. 오늘 가족과 같이 <u>외식을 할</u> 거예요.

3) 가: 엔젤 씨, 이번 주 금요일 모임에 올 수 있어요?

　 나: 네, 갈 수 있어요. 시어머니께서 아기를 <u>돌봐</u>
　　　<u>주셔서</u> 괜찮아요.

4) 가: 여보세요? 전 자가 친구 나레카인데요. 자가
　　　씨 있어요?

　 나: 자가는 <u>외출을 했어요</u>. 5시쯤 집에 올 거예요.

3

2) 민호 씨가 팔에 <u>깁스를 했어요</u>.

3) 톨라 씨가 뛰어가다가 <u>넘어졌어요</u>.

4

1) 가: 일이 아직 안 끝났어요? 언제 퇴근해요?

　 나: 오늘은 일이 좀 많네요. 먼저 가세요.

2) 가: 미안해요. 오늘은 만날 수 없어요. 회사에 <u>급</u>
　　　<u>한 일이 생겼어요</u>.

　 나: 그래요? 그럼 다음에 봐요.

3) 가: 수미 씨는 오늘 왜 안 왔어요?

　 나: <u>감기 몸살이 심해서</u> 집에서 쉬고 있어요.

4) 가: 오랜만이에요.

　 나: 잘 지냈어요? 남편도 잘 있죠? 남편에게도 <u>안</u>
　　　<u>부</u> 전해 주세요.

문법 ❶

연습 1

	-는 것 같다	-(으)ㄴ 것 같다	-(으)ㄹ 것 같다
가다	가는 것 같다	간 것 같다	갈 것 같다
보다	<u>보는 것 같다</u>	<u>본 것 같다</u>	<u>볼 것 같다</u>
공부하다	<u>공부하는 것 같다</u>	<u>공부한 것 같다</u>	<u>공부할 것 같다</u>

먹다	먹는 것 같다	<u>먹은 것 같다</u>	먹을 것 같다
*듣다	듣는 것 같다	<u>들은 것 같다</u>	들을 것 같다

	-(으)ㄴ 것 같다	-(으)ㄹ 것 같다
크다	<u>큰 것 같다</u>	클 것 같다
작다	작은 것 같다	작을 것 같다
깨끗하다	깨끗한 것 같다	깨끗할 것 같다
*덥다	더운 것 같다	더울 것 같다

	-는 것 같다	-(으)ㄹ 것 같다
맛있다	맛있는 것 같다	맛있을 것 같다
재미없다	재미없는 것 같다	재미없을 것 같다

연습 2

2) 가: 저 식당은 어때요?

　 나: 음식이 <u>맛있을 것 같아요</u>. 식당에 항상 손님이
　　　많아요.

3) 가: 시험이 어려웠지요?

　 나: 네, 그래서 시험 성적이 <u>안 좋을 것 같아요</u>.

4) 가: 누가 김 선생님이에요?

　 나: 잘 모르겠어요. 아마 저분이 <u>김 선생님인 것</u>
　　　<u>같아요</u>.

문법 ❷

연습 1

1) 오늘 집에 일찍 가야 하는데 <u>일이 많기 때문에</u>
　 스트레스를 받아요.

2) 한국 국적을 받고 싶은데 <u>한국어를 잘 못하기</u>
　 <u>때문에</u> 스트레스를 받아요.

3) 내일이 추석인데 <u>돈이 없기 때문에</u> 스트레스를
　 받아요.

4) 친구들하고 노래방에 갈 건데 <u>노래를 잘 못 부르기</u>
　 <u>때문에</u> 스트레스를 받아요.

연습 2

1) 가: 이 식당은 항상 사람이 많아요?

　 나: 네, <u>음식도 맛있고 값도 싸기 때문에</u> 사람들이
　　　이 식당을 좋아해요.

2) 가: 제니 씨는 커피를 안 마셔요?

　 나: <u>커피를 마시면 밤에 잠을 잘 못 자기 때문에</u> 안

마셔요.

3) 가: 겨울옷이 필요해요?

　　나: 그럼요, 그곳은 날씨가 <u>춥기 때문에</u> 두꺼운 외
　　　　투도 필요해요.

문법 ❸

연습 1

(예)

1) <u>한국에서 취업하기가 어려워요.</u>
2) <u>한국에서 운전하기가 힘들어요.</u>
3) <u>한국 음식을 만들기가 재미있어요.</u>
4) <u>한국에서 버스를 타기가 괜찮아요.</u>
5) <u>한국에서 여행을 하기가 편해요.</u>
6) <u>한국에서 친구를 사귀기가 좋아요.</u>
7) <u>한국에서 취직하기가 쉬워요.</u>
8) <u>한국어 공부하기가 재미없어요.</u>
9) <u>한국에서 살기가 나빠요.</u>

읽고 쓰기

1) ① <u>다리를 다쳤기 때문에</u>
2) ④ <u>아, 그렇군요. 빨리 나으세요.</u>

8과　친정 가족이 몇 명이에요?

어휘

1

④ 할아버지
⑤ 할머니
② 아버지
③ 어머니
⑧ 오빠
① 남편
⑥ 남동생
⑨ 여동생
⑩ 큰딸
⑫ 아들
⑪ 작은딸

2

② 시아버지(아버님)
③ 시어머니(어머님)

④ 시숙(아주버님)
① 동서(형님)
⑤ 시누이(형님)
⑥ 시숙(도련님)

3

이름 – 성함

나이 – 연세

집 – 댁

사람 – 분

생일 – 생신

이/가 – 께서

한테/에게 – 께

문법 ❶

연습 1

	-(으)십니다	-(으)셨습니다	-(으)실 겁니다
가다	가십니다	가셨습니다	가실 겁니다
읽다	<u>읽으십니다</u>	<u>읽으셨습니다</u>	<u>읽으실 겁니다</u>
*만들다	<u>만드십니다</u>	<u>만드셨습니다</u>	<u>만드실 겁니다</u>
*듣다	<u>들으십니다</u>	<u>들으셨습니다</u>	<u>들으실 겁니다</u>
*줍다	<u>주우십니다</u>	<u>주우셨습니다</u>	<u>주우실 겁니다</u>

	-(으)세요	-(으)셨어요	-(으)실 거예요
가다	가세요	가셨어요	가실 거예요
읽다	<u>읽으세요</u>	<u>읽으셨어요</u>	<u>읽으실 거예요</u>
*만들다	<u>만드세요</u>	<u>만드셨어요</u>	<u>만드실 거예요</u>
*듣다	<u>들으세요</u>	<u>들으셨어요</u>	<u>들으실 거예요</u>
*줍다	<u>주우세요</u>	<u>주우셨어요</u>	<u>주우실 거예요</u>

	높임말	-(으)십니다	-(으)세요
먹다/마시다	드시다	드십니다	드세요
자다	주무시다	주무십니다	주무세요
있다/없다	계시다 / 안 계시다	계십니다 / 안 계십니다	계세요 / 안 계세요
죽다	돌아가시다	돌아가셨습니다	돌아가셨어요

연습 2

1) 할아버지께서 책을 읽으십니다.

2) 선생님께서 차를 드십니다.

3) 어머니께서 아침을 준비하십니다.

4) 아버지께서 방에서 주무십니다.

연습 3

1) 할아버지께서 저녁을 드십니다.

2) 선생님께서 한국 문화를 가르쳐 주십니다.

3) 어머니께서 필리핀에 사십니다.

4) 아버지께서 방에 계십니다.

연습 4

1) 저희 아버지 성함은 에르카예요.

2) 이분은 저희 부모님이세요.

3) 가: 실례지만 연세가 어떻게 되세요?

　　나: 예순다섯이에요.

4) 저희 친정 부모님 댁은 태국 치앙마이예요.

5) 가: 언제 부모님께서 한국에 오세요?

　　나: 이번 겨울에 오실 거예요.

6) 가: 이 선물은 누구에게 줄 거예요?

　　나: 1월 3일이 저희 아버지 생신이에요.

　　　　그래서 아버지께 드릴 거예요.

문법 ②

연습 1

나트 씨가 전화를 하고 있어요.

나레카 씨가 웃고 있어요.

에디 씨가 노래를 부르고 있어요.

자가 씨가 아기에게 우유를 주고 있어요.

연습 2

할머니께서는 빵을 드시고 계세요.

아버지께서는 설거지를 하고 계세요.

어머니께서는 과일을 깎고 계세요.

문법 ③

연습 1

	-ㄹ 줄 알다/모르다
가다	갈 줄 알다 / 갈 줄 모르다
타다	탈 줄 알다 / 탈 줄 모르다

치다	칠 줄 알다 / 칠 줄 모르다
말하다	말할 줄 알다 / 말할 줄 모르다
*만들다	만들 줄 알다 / 만들 줄 모르다

	-ㄹ 줄 알다/모르다
읽다	읽을 줄 알다 / 읽을 줄 모르다
찾다	찾을 줄 알다 / 찾을 줄 모르다
먹다	먹을 줄 알다 / 먹을 줄 모르다
찍다	찍을 줄 알다 / 찍을 줄 모르다
닫다	닫을 줄 알다 / 닫을 줄 모르다

연습 2

1) 가: 두리안을 먹을 줄 알아요?

　　나: 네, 먹을 줄 알아요.

　　　　아니요, 먹을 줄 몰라요.

2) 가: 트럭 운전을 할 줄 알아요?

　　나: 네, 할 줄 알아요.

　　　　아니요, 할 줄 몰라요.

3) 가: 자전거를 탈 줄 알아요?

　　나: 네, 탈 줄 알아요.

　　　　아니요, 탈 줄 몰라요.

4) 가: 컴퓨터를 고칠 줄 알아요?

　　나: 네, 고칠 줄 알아요.

　　　　아니요, 고칠 줄 몰라요.

읽고 쓰기

1) ② 예식장

2) ④ 여자는 친척들의 이름을 잘 모릅니다.

보충·복습(1~8과) 정답

듣기

1. ④　　2. ②　　3. ①　　4. ①　　5. ④

6. ④　　7. ④　　8. ①　　9. ④　　10. ③

11. ①　12. ③　13. ①　14. ④　15. ②

읽기

1. ③　　2. ①　　3. ④　　4. ①　　5. ④

6. ③	7. ①	8. ④	9. ②	10. ①
11. ②	12. ③	13. ②	14. ②	15. ③
16. ①	17. ④	18. ②	19. ④	20. ④

9과 부모님께 한복을 사 드리고 싶어요.

어휘

2

<u>여섯 / 여덟 / 열 / 열두</u>
(아기가) 1개월입니다. / 3개월입니다. /
10개월입니다. / 9개월입니다.

문법 ①

연습 1

−려면		−으려면	
가다	가려면	찾다	찾으려면
사다	<u>사려면</u>	읽다	<u>읽으려면</u>
만나다	<u>만나려면</u>	*돕다	<u>도우려면</u>
잘하다	<u>잘하려면</u>	*굽다	<u>구우려면</u>
*만들다	<u>만들려면</u>	*걷다	<u>걸으려면</u>
*팔다	<u>팔려면</u>	*듣다	<u>들으려면</u>

연습 2

1) 가: 한국어를 더 잘하고 싶어요. 어떻게 해야 해요?

나: <u>한국어를 더 잘하려면 한국 사람들과 많이 이야기하세요.</u>

2) 가: 외국인 등록증을 만들어야 해요. 어디에 가야 해요?

나: <u>외국인 등록증을 만들려면 출입국 관리 사무소에 가야 해요.</u>

3) 가: 아이 학교 준비물이 필요해요. 어디에서 사야 해요?

나: <u>아이 학교 준비물을 사려면 문구점에 가 보세요.</u>

문법 ②

연습 1

−ㄴ 지		−은 지	
오다	온 지	넣다	넣은 지

배우다	배운 지	읽다	<u>읽은 지</u>
만나다	<u>만난 지</u>	*돕다	<u>도운 지</u>
사귀다	<u>사귄 지</u>	*줍다	<u>주운 지</u>
*만들다	<u>만든 지</u>	*걷다	<u>걸은 지</u>
*살다	<u>산 지</u>	*듣다	<u>들은 지</u>

연습 2

1) 가: 에이미 씨, 한국에서 회사 생활을 오래 했어요?

나: 네, 이 회사에 <u>들어온 지 반 년</u> 넘었어요.

2) 가: 키라 씨 언제 결혼했어요?

나: 저는 3년 전에 결혼했어요. 미지 씨는요?

가: 저는 이제 <u>결혼한 지 한 달</u> 지났어요.

나: 아, 그래요? 아직 신혼이시네요!

3) 가: 죄송하지만 영화 시작한 지 얼마나 됐어요?

나: <u>시작한 지 15분</u>쯤 됐어요.

4) 가: 스미스 씨, 에이미 씨 소식 들었어요?

나: 아니요, 못 들었어요. 저도 소식을 <u>들은 지 두 달</u> 넘었어요.

5) 가: 수지 씨, 한국에 언제 왔어요?

나: 한국에서 <u>산 지 7년</u>쯤 됐어요.

문법 ③

연습 1

1) 가: 고향에서 한국까지 얼마나 걸려요?

나: 열두 시간 정도 걸려요.

가: 열두 <u>시간이나</u> 걸려요? 정말 머네요!

2) 가: 한국에 온 지 얼마나 됐어요?

나: 이제 십 년 넘었어요.

가: 십 <u>년이나</u> 됐어요? 그래서 한국말을 잘하시는군요!

3) 가: 이 가방 어때요? 어제 백화점에 가서 십만 원에 샀어요.

나: 십만 <u>원이나</u> 줬어요? 너무 비싸네요.

읽고 쓰기

1) ① ○

② ×

③ ○

④ ×

10과 교환 좀 하려고 왔어요.

어휘

1

1) 원피스를 사요.

2) 사만 구천 원이에요.

3) 이천오백 원이에요.

4) 회색 옷을 사요.

5) 카드로 결제했어요.

6) 3일 이내에 콜센터로 신청해야 해요.

3

1) 가: 무슨 요일이에요?
   나: 목요일이에요.

2) 가: 무슨 색을 좋아해요?
   나: 노란색을 좋아해요.

3) 가: 뭘 찾으세요?
   나: 셔츠 있어요?
   가: 네, 빨간 셔츠하고 파란 셔츠가 있어요.
      어느 것이 좋아요?

문법 ❶

연습 1

1) 가: 어디가 더 따뜻해요?
   나: 제주도가 서울보다 따뜻해요.

2) 가: 어디가 더 싸요?
   나: 시장이 백화점보다 싸요.

연습 2

1) 다문화가족지원센터가 도서관보다 가까워요.
   도서관이 다문화가족지원센터보다 멀어요.

2) 공책이 교재보다 얇아요.
   교재가 공책보다 두꺼워요.

3) 버스가 지하철보다 느려요.
   지하철이 버스보다 빨라요.

문법 ❷

연습 1

1) 가: 운동 중에서 무슨 운동을 제일 잘해요?
   나: 운동 중에서 수영을 제일 잘해요.

2) 가: 한국 도시 중에서 어떤 도시가 가장 커요?

나: 한국 도시 중에서 서울이 가장 커요.

3) 가: 영화 중에서 어떤 영화를 가장 자주 봐요?
   나: 영화 중에서 코미디 영화를 가장 자주 봐요.

연습 2

1) 가: 한국에서 어디 인구가 가장 많아요?
   나: 한국에서 서울 인구가 가장 많아요.

2) 가: 한국에서 어느 공항이 제일 커요?
   나: 한국에서 인천공항이 제일 커요.

문법 ❸

연습 1

1) 밤에는 조용한데 낮에는 시끄러워요.

2) 바지는 긴데 셔츠는 짧아요.

3) 일본은 가까운데 미국은 멀어요.

연습 2

1) 이 신발은 디자인은 예쁜데 좀 불편해요.

2) 이 바지는 마음에 드는데 값이 너무 비싸요.

3) 이 사람은 외국 사람인데 김치를 잘 먹어요.

읽고 쓰기

1) 사이즈가 작고 쇼핑몰 사진과 옷이 다르기 때문에
   반품하려고 합니다.

2) ① ㅇ
   ② ㅇ

11과 환전을 하고 싶은데요.

어휘

1

통장 / 대기표 / 현금 인출기(ATM) / 창구 / 화폐 /
계좌 번호 / 거래 명세표 / 신용 카드 / 현금 카드

2

1) 입금 - 은행에 돈을 맡겨요.
   은행 계좌에 돈을 넣어요.
   저금을 해요.

2) 예금 출금 - 맡긴 돈을 찾아요.
   계좌에서 돈을 빼요.

3) 계좌 송금 / 계좌 이체 - 다른 은행에 있는 계좌로 돈을 보내요.

4) 조회 업무 - 통장에 돈이 얼마 있는지 알려줘요.

5) 통장 정리 - 돈을 언제, 얼마나 썼는지 통장에 써 줘요.

6) 지로 / 공과금 - 관리비, 전기료, 수도료를 내요.

문법 ❶

연습 1

	-아/어요	-아/어서	-(으)면
다르다	달라요	달라서	다르면
빠르다	빨라요	빨라서	빠르면
모르다	몰라요	몰라서	모르면
고르다	골라요	골라서	고르면
자르다	잘라요	잘라서	자르면

연습 2

1) 가: 과일 가격이 어때요?

나: 요즘 가격이 올라서 비싸요.

2) 가: 왜 늦었어요?

나: 길을 몰라서 늦었어요.

3) 가: 자기 전에 화장품을 발라요?

나: 네, 저는 스킨하고 로션을 발라요.

4) 가: 한국에 처음 왔을 때 어땠어요?

나: 우리 나라와 문화가 달라서 조금 힘들었어요. 하지만 지금은 괜찮아요.

문법 ❷

연습 1

	-ㄹ까요?		-을까요?
오다	올까요?	재미있다	재미있을까요?
비싸다	비쌀까요?	작다	작을까요?
끝나다	끝날까요?	많다	많을까요?
어울리다	어울릴까요?	*어렵다	어려울까요?
*만들다	만들까요?	*걷다	걸을까요?

연습 2

1) 가: 수업이 언제 끝날까요?

나: 아마 1시쯤 끝날 것 같아요.

2) 가: 내일 비가 올까요?

나: 글쎄요. 잘 모르겠어요.

3) 가: 이번 시험이 어려울까요?

나: 아마 어려울 것 같아요.

4) 가: 공원에 사람이 많을까요?

나: 주말이니까 많을 것 같아요.

문법 ❸

연습 1

	-ㄹ 거예요		-을 거예요
오다	올 거예요	많다	많을 거예요
어울리다	어울릴 거예요	맛있다	맛있을 거예요
비싸다	비쌀 거예요	좋다	좋을 거예요
예쁘다	예쁠 거예요	*덥다	더울 거예요
*만들다	만들 거예요	*듣다	들을 거예요

연습 2

1) 가: 오늘 나레카 씨가 수업에 올까요?

나: 아니요, 아마 아파서 못 올 거예요.

2) 가: 우리 어디서 점심 먹을까요?

나: 저 식당 어때요? 손님이 많으니까 아마 음식이 맛있을 거예요.

3) 가: 한국어 말하기 대회에서 누가 1등을 했어요?

나: 자가 씨가 1등을 했어요. 아마 자가 씨는 기분이 좋을 거예요.

4) 가: 저한테 파란색이 어울릴까요?

나: 한번 입어 보세요. 잘 어울릴 거예요.

읽고 쓰기

1) ① ×

② ○

③ ×

12과 단발머리로 자르고 싶어요.

어휘

1

긴 머리 / 단발머리 / 커트 머리

파마머리 / 생머리 / 스포츠머리

2

1) 파마해 주세요.

2) 머리를 다듬어 주시겠어요?

3) 염색을 해 주세요.

3

2) 가: 저는 어떤 머리 모양이 어울릴까요?

　나: 손님은 얼굴이 동그래서 긴 생머리를 하면
　　　좋을 것 같아요.

3) 가: 저는 어떤 머리 모양이 어울릴까요?

　나: 손님은 얼굴이 갸름해서 뭐든지 잘 어울려요.

4) 가: 저는 어떤 머리 모양이 어울릴까요?

　나: 손님은 얼굴이 네모나서 파마머리를 하면
　　　좋겠어요.

4

2) 남편이 반지를 선물했어요. 그런데 제 손가락이
　두꺼워서 반지가 안 들어갔어요. 손가락이 가늘면
　좋겠어요.

3) 저는 계속 긴 머리를 했어요. 그런데 머리를 감고
　말리기가 너무 힘들어요. 그래서 요즘은 짧은 머리
　를 하고 싶어요.

4) 지금 제 가방은 커요. 그래서 책을 많이 넣을 수
　있어요. 그렇지만 주말에 친구 결혼식에 가야 해
　요. 그래서 좀 귀엽고 작은 가방을 사고 싶어요.

문법 ❶

연습 1

　여러분 안녕하세요? 저는 필리핀에서 온 엔젤입니
다. 지금부터 우리 가족을 소개해 드리겠습니다. 우리
가족은 모두 세 명입니다. 남편, 저, 딸이 있습니다.
우리 남편은 키도 크고, 멋있게 생겼습니다. 우리 남
편은 요리사입니다. 요리를 아주 맛있게 잘 만듭니다.
요즘 우리 남편이 일하는 식당에 손님이 많습니다. 그
래서 우리 남편은 날마다 바쁘게 일하고 있습니다.

　우리 딸은 아주 귀엽게 생겼습니다. 특히 아주 예쁘
게 웃습니다.

연습 2

1) 가: 저는 뭘 하면 좋을까요?

　나: 에디 씨는 풍선을 크게 불어 주세요.

2) 가: 저는 뭘 준비할까요?

　나: 나레카 씨는 요리를 맛있게 만들어 주세요.

3) 가: 저는요?

　나: 자가 씨는 나레카 씨가 만든 음식을 식탁 위에
　　　예쁘게/멋있게 놓아 주세요.

4) 가: 저는 무엇을 하면 좋을까요?

　나: 이 선물들을 멋있게/예쁘게 포장해 주세요.

문법 ❷

연습 1

1) 호랑이처럼 무서워요.

2) 아기처럼 귀여워요.

3) 거북이처럼 느려요.

4) 시계처럼 정확해요.

연습 2

가: 나레카 씨, 주말에 시간 있어요? 제 친구를 소개
　하고 싶은데요.

나: 그래요? 어떤 사람인데요?

가: 우리 회사 사람인데 아주 멋있는 사람이에요. 영
　화배우처럼 잘생겼고 모델처럼 키도 커요.

나: 그래요? 저는 운동을 잘하는 사람을 좋아하는
　데….

가: 운동도 아주 잘해요. 특히 농구를 1)농구 선수처
　럼 잘해요. 그리고 목소리도 좋고 2)가수처럼 노
　래도 잘해요. 나레카 씨, 음악을 좋아하지요?

나: 그런데 그런 멋있는 사람이면 좋아하는 사람이 많
　을 것 같아요.

가: 아니에요. 친구는 많지만 사귀는 사람은 없어요.
　정말 아이처럼 착한 사람이니까 꼭 만나 보세요.

나: 알겠어요. 만나 볼게요. 고마워요.

문법 ❸

연습 1

\-아 보이다		\-어 보이다	
좋다	좋아 보이다	힘들다	힘들어 보이다
바쁘다	바빠 보이다	예쁘다	예뻐 보이다
비싸다	비싸 보이다	어리다	어려 보이다
네모나다	네모나 보이다	*무섭다	무서워 보이다

해 보이다	
착하다	착해 보이다
행복하다	행복해 보이다
건강하다	건강해 보이다
깨끗하다	깨끗해 보이다

연습 2

키가 작아 보여요. / 가방이 무거워 보여요. /
가방이 가벼워 보여요.

연습 3

1) 이 커플은 아주 슬퍼 보여요.

2) 이 아이는 아파 보여요.

3) 이 사람들은 화가 나 보여요.

읽고 쓰기

1) 남성 전용 미용실에 대해 소개하고 있습니다.

2) ① 가격이 비싸지 않습니다.
    ② 이발소보다 멋있게 머리를 할 수 있습니다.

13과 독감 예방 주사를 맞도록 하세요.

어휘

1

(시계 방향으로)
물리 치료실 / 내과 / 예방 접종실 / 금연 클리닉 /
치과

2

1) 가: 처방전은 어디에서 받아요?
   나: 민원실에서 받으면 돼요.

2) 가: 이 처방전을 가지고 약국으로 가세요.
   나: 알겠습니다.

3) 가: 처방전을 드릴까요?
   나: 아니요, 괜찮아요.
   가: 그럼 무료입니다. 처방전이 필요하면 500원만
       내세요.

3

가: 보건소에서 진료를 받았어요?
나: 네, 허리가 아파서 물리 치료를 받았어요.

가: 보건소에서 진료를 받았어요?
나: 네, 어깨가 아파서 한방 진료를 받았어요.

4

2) 가: 갑자기 집안일을 많이 해서 어깨가 아파요.
   나: 그럼 한방 진료를 받으세요. 침을 맞으면 좋을
       것 같아요.

3) 가: 보건소에서 건강 검진을 받을 수 있어요?
   나: 물론이지요.

4) 가: 날씨가 춥네요. 독감 예방 주사를 맞았어요?
   나: 네, 지난주에 맞았어요.

문법 ❶

연습 1

2) 가: 허리가 아파요.
   나: 그러면 물리 치료를 받도록 하세요.

3) 가: 오후에 비가 올 것 같아요.
   나: 그러면 우산을 가져가도록 하세요.

4) 가: 지각하면 안 돼요. 일찍 일어나도록 하세요.
   나: 네, 늦지 않고 일찍 올게요.

5) 가: 수업 시간에 옆 사람과 떠들지 말도록 하세요.
       선생님 말씀을 잘 들으세요.
   나: 알겠습니다.

연습 2

1) 가: 운전을 배우고 싶어요.
   나: 그러면 운전면허 학원에 가도록 하세요.

2) 가: 살을 빼고 싶어요.
   나: 그러면 줄넘기를 하도록 하세요.

3) 가: 담배를 끊고 싶어요.
   나: 그러면 보건소 금연 클리닉에 가도록 하세요.

문법 ❷

연습 1

−면 안 되다		−으면 안 되다	
자다	자면 안 되다	앉다	앉으면 안 되다
나가다	나가면 안 되다	늦다	늦으면 안 되다
수영하다	수영하면 안 되다	*줍다	주우면 안 되다
*떠들다	떠들면 안 되다	*듣다	들으면 안 되다

다문화가정과 함께하는 정확한 한국어 초급 2

연습 2

1) 가: 여기서 담배를 피워도 돼요?
   나: 아니요, 담배를 피우면 안 돼요.

2) 가: 여기에 쓰레기를 버리면 안 돼요.
   나: 미안합니다. 휴지통에 버릴게요.

3) 가: 사진을 찍어도 돼요?
   나: 아니요. 사진을 찍으면 안 돼요.

4) 가: 기숙사에서 애완동물을 키우면 안 돼요.
   나: 네, 알겠습니다.

문법 ❸

연습 1

	-ㄹ 때		-을 때
가다	갈 때	먹다	먹을 때
공부하다	공부할 때	*춥다	추울 때
*만들다	만들 때	*듣다	들을 때

연습 2

가: 운전면허증은 언제 필요해요?
나: 운전할 때 필요해요.

가: 외국인 등록증은 언제 필요해요?
나: 보건소에 가서 진료를 받을 때 필요해요.

연습 3

가: 기분이 좋을 때 뭘 해요?
나: 기분이 좋을 때 음악을 들으면서 춤을 춰요.
다: 기분이 좋을 때 노래를 해요.

가: 스트레스를 받았을 때 어떻게 해요?
나: 스트레스를 받았을 때 친구와 술을 마셔요.
다: 스트레스를 받았을 때 백화점에서 쇼핑해요.

읽고 쓰기

1) ③ 엽산, 철분제
   ④ 임신 전·후 검사

2) ③ 남편은 이제 담배를 안 피웁니다.

14과 남이섬에 놀러 갈래?

어휘

1

1) 전주
2) 춘천
3) 경주
4) 제주도
5) 부산

3

1) 봄 – 제주도에 가서 유채꽃을 구경해요.
2) 여름 – 부산에 가서 바다에서 수영을 해요.
3) 가을 – 설악산에 가서 단풍을 구경해요.
4) 겨울 – 강원도에 가서 눈을 구경해요.

문법 ❶

연습 1

	평서문	의문문	청유문	명령문
가다	가	가?	가	가
	간다	가니?	가자	가라
먹다	먹어	먹어?	먹어	먹어
	먹는다	먹니?	먹자	먹어라
바쁘다	바빠	바빠?	×	×
	바쁘다	바쁘니?		
좋다	좋아	좋니?	×	×
	좋다	좋으니?		
(책)이다	책이야	책이야?	×	×
	(책)이다	책이니?		
(사과)이다	사과야	사과야?	×	×
	(사과)이다	사과(이)니?		

연습 2

높임말	반말
안녕하세요?	안녕?
안녕히 가세요.	잘 가.
고맙습니다.	고마워.
미안합니다.	미안해.
안녕히 주무세요.	잘 자.
친구는 회사원이에요.	친구는 회사원이야.

주말에 등산 갑시다.	주말에 등산 가자.
점심 같이 드실래요?	점심 같이 먹을래?
네.	응.
연락드릴게요.	연락할게.
이게 뭐예요?	이게 뭐야?
파티에 꼭 와 주세요.	파티에 꼭 와 줘.
내일 봬요.	내일 봐.

문법 ❷

연습 1

−ㄴ 적이 있다/없다		−은 적이 있다/없다	
마시다	마신 적이 있다 / 마신 적이 없다	먹다	먹은 적이 있다 / 먹은 적이 없다
만나다	만난 적이 있다 / 만난 적이 없다	읽다	읽은 적이 있다 / 읽은 적이 없다
일하다	일한 적이 있다 / 일한 적이 없다	*듣다	들은 적이 있다 / 들은 적이 없다
*만들다	만든 적이 있다 / 만든 적이 없다	*돕다	도운 적이 있다 / 도운 적이 없다

연습 2

1) 가: 마트에서 우연히 친구를 만난 적이 있어요?
   나: 네, 어제 마트에서 친구랑 친구 가족을
   만났어요.

2) 가: 불우 이웃을 도운 적이 있어요?
   나: 네, 작년 연말에 불우 이웃 돕기 봉사를
   했어요.

3) 가: 한국 소설을 읽은 적이 있어요?
   나: 네, 조금 어려웠지만 재미있었어요.

4) 가: 다문화 축제에 간 적이 있어요?
   나: 네, 세계인의 날에 다문화 축제에 가 봤어요.
   정말 재미있었어요.

문법 ❸

연습 1

−ㄹ래요?		−을래요	
가다	갈래요?	먹다	먹을래요
사다	살래요?	읽다	읽을래요
쉬다	쉴래요?	앉다	앉을래요

만나다	만날래요?	*돕다	도울래요
*만들다	만들래요?	*걷다	걸을래요

연습 2

1) 가: 무슨 영화를 볼래요?
   나: 저는 액션 영화를 보고 싶어요.

2) 가: 내일 백화점 앞에서 만날래요?
   나: 좋아요. 백화점 앞에서 만나요.

3) 가: 나레카 씨, 뭐 마시고 싶어요?
   나: 저는 녹차를 마실래요. 에디 씨는요?

읽고 쓰기

그리운 자가에게
1) 자가야.
편지 잘 2) 받았어. 3) 고마워.
4) 나도 고향에서 잘 지내고 있어.
오랜만에 가족들과 좋은 시간을 5) 보냈어.
그리고 친구들도 많이 6) 만났어.
고향의 날씨는 아직 더워.
나도 설악산에 가서 단풍을 보고 싶었어.
다음 달에 한국에 가면 꼭 같이 7) 가자.
또 편지 써 8) 줘. 9) 기다릴게.

나레카

15과 똑바로 가다가 오른쪽으로 가세요.

어휘

1

왼쪽 / 오른쪽 / 남쪽 / 동쪽 / 서쪽 / 북쪽

2

1) 좌회전하세요.

2) 유턴하세요.

3) 똑바로 가세요(직진하세요).

4) 우회전하세요(오른쪽으로 가세요).

3

1) 사거리

2) 신호등

3) 버스 정류장

4) 택시 정류장

5) 지하철역 출구

6) 횡단보도

7) 육교

문법 ❶

연습 1

2) 가: 우체국이 어디에 있어요?

   나: 왼쪽으로 가면 보여요.

3) 가: 어디 가요? 그쪽이 아니에요. 이쪽으로
   오세요.

   나: 알았어요. 잠깐만 기다리세요.

4) 가: 저는 어느 쪽에서 기다릴까요?

   나: 여기는 자리가 없으니까 저쪽으로 가서
   기다리세요.

연습 2

2) 가: 어서 오세요. 어디로 모실까요?

   나: KTX를 타야 하는데요. 기차역으로 가
   주세요.

3) 가: 부산에 고속버스를 타고 갈까요? KTX를 타고
   갈까요?

   나: 고속버스표를 이미 샀으니까 고속버스로
   가요.

4) 가: 친구와 약속이 있어서 신촌에 가야 해요. 몇
   호선을 타야 해요?

   나: 신촌은 2호선이니까 2호선으로 한 번
   갈아타야 해요.

문법 ❷

연습 1

−ㄴ지 알다/모르다		−은지 알다/모르다	
크다	큰지 알다 / 큰지 모르다	작다	작은지 알다 / 작은지 모르다
예쁘다	예쁜지 알다 / 예쁜지 모르다	좋다	좋은지 알다 / 좋은지 모르다
비싸다	비싼지 알다 / 비싼지 모르다	짧다	짧은지 알다 / 짧은지 모르다

*멀다	먼지 알다 / 먼지 모르다	*무겁다	무거운지 알다 / 무거운지 모르다

−는지 알다/모르다	
가다	가는지 알다 / 가는지 모르다
걸리다	걸리는지 알다 / 걸리는지 모르다
맛있다	맛있는지 알다 / 맛있는지 모르다
갈아타다	갈아타는지 알다 / 갈아타는지 모르다

연습 2

1) 가: 자가 씨, 제가 지난 수업에 못 왔는데요. 언제
   시험을 보는지 알아요?

   나: 다음 주 수요일이에요. 열심히 공부하세요.

2) 가: 다음 주에 면접이 있어서 양복을 입어야 해요.
   양복을 어디에서 사면 싼지 알아요?

   나: 지금 서울백화점에서 세일을 하고 있어요.
   한번 가 보세요.

3) 가: 미나 씨 생일 선물을 사려고 해요. 미나 씨가
   무엇을 좋아하는지 알아요?

   나: 미나 씨는 책 읽는 것을 좋아해요. 책을
   선물해 보세요.

4) 가: 저, 죄송한데요. 이 근처에 은행이 어디에
   있는지 아세요?

   나: 여기에서 똑바로 가세요. 그리고 왼쪽으로
   가면 있어요.

문법 ❸

연습 1

1) 가: 은행이 어디에 있어요?

   나: 똑바로 가다가 오른쪽으로 가세요. 그러면
   오른쪽에 있을 거예요.

2) 가: 지하철역이 어디에 있어요?

   나: 똑바로 가다가 오른쪽으로 가세요. 그러면
   왼쪽에 있을 거예요.

3) 가: 약국이 어디에 있어요?

   나: 똑바로 가다가 왼쪽으로 가세요. 그러면
   왼쪽에 있을 거예요.

4) 가: 버스 정류장이 어디에 있어요?

나: 똑바로 가다가 왼쪽으로 가세요. 그러면
    오른쪽에 있을 거예요.

연습 2

1) 가: 어제 등산은 잘 했어요?
   나: 아니요, 다리가 너무 아파서 올라가다가
      중간에 내려왔어요.

2) 가: 지금도 그 집에 살아요?
   나: 아니요, 지난달까지 거기 살다가 지금은 아이
      학교 근처로 이사했어요.

3) 가: 자가 씨는 학교에 오기 전에 무슨 일을
      했어요?
   나: 저는 대학교 3학년을 다니다가 한국에
      왔어요.

읽고 쓰기

1) ④

16과 이제 한국 사람이 다 됐네요.

어휘

1

식사를 준비하다 / 빨래를 개다 / 출근하다 /
다림질(을) 하다
빨래를 하다 / 아이를 데려오다 / 청소기를 돌리다 /
퇴근하다
걸레질(을) 하다 / 아이를 데려다주다 / 빨래를 널다 /
설거지(를) 하다

2

1) 빌딩이 높아요. 빌딩이 낮아요.

2) 머리가 길어요. 머리가 짧아요.

3) 가방이 커요. 가방이 작아요.

4) 상자가 무거워요. 상자가 가벼워요.

5) 나무가 많아요. 나무가 적어요.

6) 책이 두꺼워요. 책이 얇아요.

7) 방이 깔끔해요. 방이 지저분해요.

8) 커피가 뜨거워요. 커피가 차가워요.

문법 ❶

연습 1

1) 가: 언제 장을 봤어요?
   나: 집에 오기 전에 장을 봤어요.

2) 가: 언제 아이를 어린이집에 데려다줬어요?
   나: 출근하기 전에 (아이를 어린이집에)
      데려다줬어요.

3) 가: 언제 아이를 데려왔어요?
   나: 밥을 먹기 전에 (아이를) 데려왔어요.

연습 2

1) 가: 여보, 요리하기 전에 빨래 좀 널어 주세요.
   나: 네, 알았어요.

2) 가: 여보, 걸레질을 하기 전에 청소기를 돌려
      주세요.
   나: 네, 알았어요.

문법 ❷

연습 1

1) 가: 한국 요리 할 수 있어요?
   나: 네, 옛날에는 한국 요리를 못했는데 이제는
      한국 요리를 잘 하게 됐어요.

2) 가: 한국말을 다 알아들을 수 있어요?
   나: 네, 옛날에는 한국말을 못 알아들었는데
      지금은 잘 알아들을 수 있게 됐어요.

3) 가: 한국 생활에 좀 적응했어요?
   나: 네, 옛날에는 한국 문화를 잘 이해하지
      못했는데 지금은 한국 문화를 좀 이해할 수
      있게 됐어요.

연습 2

1) 아이 숙제를 봐 줄 수 있게 됐어요.

2) 아이를 데리고 병원에 갈 수 있게 됐어요.

문법 ❸

연습 1

−아지다		−어지다	
작다	작아지다	길다	길어지다
많다	많아지다	넓다	넓어지다
좁다	좁아지다	*크다	커지다
*아프다	아파지다	*더럽다	더러워지다

*고프다	고파지다	*시끄럽다	시끄러워지다
*바쁘다	바빠지다	*가깝다	가까워지다

해지다	
친절하다	친절해지다
조용하다	조용해지다
깨끗하다	깨끗해지다
복잡하다	복잡해지다
건강하다	건강해지다
지저분하다	지저분해지다

연습 2

1) 사람: 10년 전에는 사람이 적었는데 이제는 사람이 많아졌어요.

2) 차: 10년 전에는 차가 적었는데 지금은 차가 많아졌어요.

3) 공기: 10년 전에는 공기가 좋았는데 지금은 공기가 나빠졌어요.

4) 도로: 10년 전에는 도로가 좁았는데 이제는 도로가 넓어졌어요.

5) 건물: 10년 전에는 건물이 낮았는데 이제는 건물이 높아졌어요.

6) 나무: 10년 전에는 나무가 많았는데 지금은 나무가 적어졌어요.

읽고 쓰기

1) ③ 나트 씨는 한국에 왔을 때 한국어를 할 수 없었습니다.

2) 한국어를 할 수 있게 됐습니다. 여러 나라 친구들을 많이 사귀게 됐습니다. 한국 친구들도 많아졌습니다. 한국 사람과 문화를 많이 이해하게 됐습니다.

보충·복습(9~16과) 정답

듣기

1. ②	2. ③	3. ④	4. ①	5. ②
6. ③	7. ③	8. ③	9. ④	10. ②
11. ③	12. ④	13. ②	14. ④	15. ③

읽기

1. ④	2. ②	3. ①	4. ①	5. ①
6. ④	7. ②	8. ②	9. ③	10. ②
11. ③	12. ③	13. ①	14. ①	15. ②
16. ③	17. ③	18. ④	19. ④	20. ③

※ [1~4] 다음을 듣고 〈보기〉와 같이 물음에 맞는 대답을 고르십시오.

1. 여자: 한국어를 잘하고 싶으면 어떻게 해야 돼요?
   남자: _____

2. 여자: 지금 뭐 해요?
   남자: _____

3. 여자: 남은 음식을 포장해 드릴까요?
   남자: _____

4. 여자: 한국 음식 만들 줄 알아요?
   남자: _____

※ [5~7] 다음을 듣고 〈보기〉와 같이 이어지는 말을 고르십시오.

5. 남자: 와, 이 영화 정말 재미있겠어요.
   여자: _____

6. 남자: 내일 모임에 못 갈 것 같아요.
   여자: _____

7. 여자: 한국어를 왜 배워요?
   남자: _____

※ [8~9] 여기는 어디입니까? 〈보기〉와 같이 알맞은 것을 고르십시오.

8. 남자: 오늘 저녁에 우리 부서 회식이 있습니다.
   여자: 네, 알겠습니다.

9. 여자: 요리 수업을 신청하고 싶은데 어떻게 해야 해요?
   남자: 저기 앞에 있는 직원에게로 가세요.

※ [10~13] 다음은 무엇에 대해 말하고 있습니까? 〈보기〉와 같이 알맞은 것을 고르십시오.

10. 여자: 오늘은 우리 가을옷을 넣어 두고 겨울옷을

꺼내야 해요.
   남자: 좋아요. 뭐부터 할까요?

11. 남자: 오늘 다문화 행사에 올 거지요?
    여자: 물론이지요. 3시에 가면 되지요?

12. 여자: 부모님 생신에 무엇을 드릴 거예요?
    남자: 글쎄요. 옷을 사 드릴까 해요.

13. 남자: 저는 한복을 입어 봤어요. 정말 좋았어요.
    여자: 그래요? 저는 아직 한복을 안 입어 봤어요. 한번 입어 보고 싶어요.

※ [14~15] 다음은 다음 대화를 듣고 알맞은 그림을 고르십시오.

14. 여자: 이것 좀 저 위에 올려 주세요.
    남자: 알겠어요.

15. 남자: 오늘 우리 부모님께서 한국에 오세요. 그래서 오늘 공항에 나가야 해요.
    여자: 그래요? 정말 좋으시겠어요.

※ [1~5] 다음을 듣고 〈보기〉와 같이 대화 내용과 같은 것을 고르십시오.

1. 여자: 연휴에 뭐 할 거예요?
   남자: 가족들도 보고 싶고 해서 고향에 갔다 올까 해요. 2년 동안 못 봤어요.
   여자: 아, 그래요? 가족들이 기뻐하겠어요.

2. 여자: 어서 오세요. 뭐 찾으시는 거 있으세요?
   남자: 코트 좀 보려고요.
   여자: 이건 어떠세요? 어제 새로 들어온 디자인이에요.
   남자: 디자인은 마음에 드는데 다른 색은 없을까요?

3. 여자: 필리핀으로 송금을 하려고 하는데요.
   남자: 얼마나 송금하실 거예요?
   여자: 원화로 100만 원 정도 보내려고 합니다.

남자: 네, 먼저 여기에 필리핀에 송금할 은행과 계좌 번호를 써 주십시오.

4. 남자: 이쪽으로 앉으세요. 어떤 스타일로 해 드릴까요?

여자: 짧은 커트를 할까 해요. 제 얼굴에 어울릴까요?

남자: 음, 커트도 좋지만 자연스럽게 파마를 하는 것은 어떠세요?
그게 손님 얼굴에 더 잘 어울릴 것 같아요.

여자: 그러면 그렇게 해 주세요.

5. 남자: 보건소에서 독감 예방 주사를 맞을 수 있어요?

여자: 네, 맞을 수 있어요.

남자: 그럼 보건소에 갈 때 뭐가 필요해요?

여자: 외국인 등록증을 가져가도록 하세요.

※ [6~9] 다음을 듣고 여자의 중심 생각을 고르십시오.

6. 남자: 우리 이번 토요일에 같이 놀러 갈래?

여자: 좋아. 가까운 데로 가자. 넌 어디에 가고 싶어?

남자: 음. 남이섬 어때? 여행 안내서에서 봤는데 경치가 정말 좋았어.

여자: 나는 드라마에서 남이섬을 본 적이 있어. 꼭 한번 가 보고 싶었어.

7. 여자: 내일 돌잔치 장소가 어디인지 알아요?

남자: 지하철 5호선 광화문역 근처예요.

여자: 지하철역에서 돌잔치 장소까지 가까워요?

남자: 가까워요. 하지만 조금 복잡하니까 우리 광화문역에서 만나서 같이 가요.

8. 남자: 엔젤 씨, 아이 키우기가 힘들지 않아요?

여자: 처음에는 힘들었는데 아이가 유치원에 들어가고 나서부터 조금 편해졌어요.

남자: 아, 그래요? 다행이에요.

여자: 그래서 이제 한국어 공부를 다시 할 수 있게 됐어요.

9. 남자: 여보, 장모님 생신 선물 샀어요?

여자: 아니요, 한복을 사 드리고 싶은데 아직 못 샀어요.

남자: 그럼 시간 있을 때 나하고 같이 한복 가게에 가요.
가기 전에 한복 사진을 많이 찾아봐요.

여자: 알겠어요. 그거 좋은 생각이에요.

※ [10~11] 다음을 듣고 물음에 답하십시오.

여자: 직원 여러분, 어디에서 머리를 자르십니까? 우리 회사에서는 바쁜 직원 분들을 위해 회사 안에 작은 미용실을 마련했습니다. 미용실은 오전 10시부터 저녁 8시까지 이용할 수 있습니다. 남녀 직원 모두 이용할 수 있고 커트만 가능합니다. 근무 중에 잠시 시간을 내서 머리를 자르러 오십시오. 커트 비용은 3,000원입니다.

※ [12~13] 다음을 듣고 물음에 답하십시오.

여자: 어서 오세요.

남자: 지난주에 산 구두를 좀 바꾸고 싶은데요.

여자: 구두가 마음에 안 드세요?

남자: 이거보다 좀 더 컸으면 좋겠어요.

여자: 그럼 조금 더 큰 걸로 신어 보세요.

남자: 지금 신은 게 훨씬 더 편하고 좋네요.

※ [14~15] 다음을 듣고 물음에 답하십시오.

남자: 제가 다음 달에 제주도에 여행을 가는데 무엇을 하면 좋을까요?

여자: 제주도는 흑돼지가 아주 유명해요. 꼭 먹어 보세요.

남자: 그래요? 또 뭐가 유명해요?

여자: 올레길이 유명해요. 아름다운 경치를 보면서 거기를 꼭 걸어 보세요.

남자: 와, 고마워요. 그럼 흑돼지를 먹은 뒤에 올레길을 걸어야겠어요.

담당 연구원

정혜선 국립국어원 학예연구사
박지수 국립국어원 연구원

집필진

내용 집필

이선웅 경희대 한국어학과 교수
이 향 한국조지메이슨대 현대및고전언어과 조교수
정미지 서울시립대 국제교육원 한국어학당 책임강사
현윤호 경희대 문화예술법연구센터 연구팀장
김유미 경희대 언어교육원 교수
박수연 조선대 언어교육원 교육부장
이영희 숙명여대 한국어문학부 초빙대우교수
이윤진 안양대 교육대학원 외국어로서의 한국어교육 전공 조교수
이정화 서울대 언어교육원 한국어교육센터 대우조교수

내용 검토

박미정 건양사이버대 다문화한국어학과 조교수
김정남 경희대 한국어학과 교수
김현주 용인시 다문화가족지원센터 한국어 강사
박동호 경희대 한국어학과 교수
박시균 군산대 국어국문학과 교수
양명희 중앙대 국어국문학과 교수
오경숙 서강대 전인교육원 조교수
홍윤기 경희대 국제교육원 교수

연구 보조원

박서향 경희대 언어교육원 한국어교육부 주임강사
성아영 전 경희대 언어교육원 한국어 강사
이 경 전 경희대 언어교육원 한국어 강사
이채원 순천향대 한국어교육원 강사
김경은 전 경희대 언어교육원 한국어 강사
김보현 중앙대 언어교육원 한국어 강사
박경희 평택대 국제처 한국어교육센터 강사
박기표 전 베트남 한국문화원 세종학당 파견교원
박정아 경희대 교육실습센터 한국어 강사

박혜연 아주대 국제교육센터 한국어 강사
윤권하 전 경희대 언어교육원 한국어 강사
윤희수 평택대 국제처 한국어교육센터 강사
이정선 경희대 국제한국언어문화학과 석사과정 수료
조연아 경희대 국제한국언어문화학과 석사과정 수료
최은하 군산대 국제교류교육원 언어교육센터 한국어 강사
탁진영 경희대 국제교육원 한국어 강사
황지영 한신대 국제교류원 한국어 강사

다문화가정과 함께하는

정확한 한국어

1판 1쇄 2019년 2월 13일
1판 6쇄 2024년 8월 22일

기획·개발 국립국어원
펴낸이 박영호
기획팀 송인성, 김선명
편집팀 박우진, 김영주, 김정아, 최미라, 전혜련, 박미나
관리팀 임선희, 정철호, 김성언, 권주련
펴낸곳 (주)도서출판 하우

주소 서울시 중랑구 망우로68길 48
전화 (02)922-7090
팩스 (02)922-7092
홈페이지 http://www.hawoo.co.kr
e-mail hawoo@hawoo.co.kr
등록번호 제2016-000017호

값 10,000원
ISBN 979-11-88568-58-1 14710
ISBN 979-11-88568-56-7 14710 (set)